창의적 사고와 글쓰기

| 최 중 녀 |

도서출판 두남

프롤로그

Prologue

현대 사회에서 글쓰기는 의사소통의 중요한 수단으로 작용하고 있다. 특히, 대학에서 과제, 시험, 계획서, 보고서, 논문 등은 글쓰기로 평가가 이루어진다. 지식을 습득하고 정리 · 요약하여 자신의 견해까지 명료하게 표현하는 일은 쉽지 않다. 그러한 이유로 학생들은 글쓰기에 대한 어려움으로 인해 부담감을 가지고 있다. 수학 문제를 잘 풀려면 공식을 알아야 한다. 글쓰기도 마찬가지다. 글의 공식을 알면 글쓰기가 쉬워진다.

글쓰기 수업을 하면서 가장 중점을 둔 부분이 있다. 학생들이 '글쓰기는 어렵지 않다. 단지 쓰기 싫을 뿐이다.'라는 생각을 하며 수업에 참여하게 하는 것이었다. 수업은 자체 제작한 자료로 이론 1시간, 나머지 한 시간은 이론을 바탕으로 한 글쓰기로 진행했다. 그 결과 학생들의 글쓰기에 대한 흥미와 자신감은 각종 공모전, 취업 시 자기소개서 쓰기에 긍정적 영향을 끼쳤다.

이 책은 그동안의 수업 자료들을 바탕으로 학생들의 표현능력 신장에 효율성을 높이기 위해 기획하였다. 이를 위해 글쓰기에 필요한 기초적인 능력, 생각이나 느낌을 논리적으로 표현하는 능력, 대학생으로서 필요한 학술적 글쓰기 능력, 생활에서 필요한 일상적 글쓰기 능력, 사회인으로서 필요한 글쓰기 능력 향상을 중심으로 집필하였다.

「창의적 사고와 글쓰기」를 집필하면서 고려한 점은 다음과 같다.

첫째, 실제 강의에 맞추어 구성했다. 13주차 실제 수업에 맞추어 13장으로 구성하여 원활하게 진행되도록 하였다.

둘째, 각 장마다 이론 수업 후 바로 교재에 글쓰기 훈련을 할 수 있도록 하였다. 이론을 바탕으로 글쓰기를 할 수 있어 따로 워크북이 필요하지 않다. 학생들은 학기가 끝나면 글쓰기의 변화를 파악할 수 있다.

셋째, 각 장마다 학생들이 글쓰기에 참고할 수 있는 모범적인 글을 예시로 제시하였다. 예시로 제시된 글은 단순히 예시글로 끝나지 않고 새로운 배경 지식을 쌓을 수 있도록 선정하였다.

이 책은 표현 능력 향상을 위하여 이론과 실제로 나누어 구성되어 있다. 전반부 이론 부분에서는 글쓰기를 위한 창의적 사고 방법, 맞춤법 · 띄어쓰기, 주제 설정과 개요 짜기, 단락 구성 등 글쓰기의 기초적인 능력 배양을 중심으로 구성하였다. 그와 더불어 대학 생활에서 필요한 학술적 쓰기와 체계적으로 생각이나 느낌 쓰기를 할 수 있도록 하였다. 후반부에서는 글을 읽고 중심 내용 요약하기, 자기소개서 작성하기, 서평쓰기, 비즈니스 레터 쓰기 등으로 구성하여 일상 생활에서 필요한 글쓰기, 직업적·사회적으로 필요한 글쓰기 연습을 할 수 있도록 하였다. 이러한 구성이 학생들의 글쓰기 능력 함양에 도움이 되기를 바란다.

이 책을 집필하면서 참고한 책이나 글의 필자들께 감사의 마음을 전하고 싶다. 도움을 받은 책이나 글의 제목을 제시했지만 일일이 출처를 제시하지 못한 부분도 있다. 제시하지 못한 훌륭한 글의 필자들께 사과와 감사를 동시에 드린다. 그리고 출판을 허락하고 기획·출판하기까지 애써 주신 도서출판 두남 여러분께 진심으로 감사의 마음을 전하고 싶다.

2023년 8월

저자

차 례

Contents

Chapter 1

글쓰기의 이해

1. 글쓰기의 개념

글쓰기란 생각이나 사실 따위를 글로 써서 표현하는 것을 말한다. 때로는 글짓기, 쓰기, 작문으로 표현한다. 협의의 의미로는 문장으로 표현하는 언어활동이고 광의의 의미로는 자신의 감정, 정서, 가치, 정보, 학문 등을 전달하는 전문적인 언어활동이다. 즉, 글쓰기는 개인적으로는 삶에 대해 진지하게 인식하고 적극적으로 사유하는 매우 실천적인 행위를 말한다. 사회적으로는 소통의 도구로 필수불가결적 의미를 가지고 있다. 특히, 현대사회에서 사회적 소통은 대부분 인터넷을 통해서 이루어진다. 의견을 주고받고 소식 또는 정보 등이 인터넷으로 이루어지기 때문에 무엇보다 글쓰기가 중요하다.

2. 글쓰기의 필요성

1) 의사소통의 도구

글쓰기는 자신과의 소통을 위해서, 사회적 소통을 위해서 중요한 역할을 한다. 먼저, 글쓰기를 통한 자신과의 소통은 추구하는 가치, 표현하고자 하는 생각을 일목요연하게 정리할 수 있다. 우리는 하나의 주제로 30분 이상을 몰입해서 머릿속으로 생각할 수 있을까? 아마 대다수는 정해진 주제를 생각하면서 틈틈이 비집고 들어오는 다른 생각들 때문에 30분 이상을 몰입할 수 없을 것이다. 그러나 글쓰기는 다르다. 하나의 주제로 글쓰기를 시작하면 30분, 아니 1시간 이상을 몰입할 수 있을 것이다. 글쓰기는 내가 생각하는 것이 무엇인지 선명하게 인지할 수 있다. 나아가 추구해야할 미래 시점까지 알 수 있다.

또한, 글쓰기는 현대사회에서 사회적 소통의 도구로 중요한 역할을 하고 있다. 일기를 제외한 대부분 글은 다른 사람과의 소통을 위해서 쓰고 있다. 인간관계에서, 직장 업무를 위해서 서로의 생각과 의견, 정보 등은 인터넷을 활용한 글쓰기로 소통을 하고 있다. 그러므로 생각을 정확하게 표현해서 상대방에게 전달하여 설득과 공감을 불러일으킬 수 있는 글쓰기 능력을 배양할 필요가 있다. 자신과 깊은 소통을 하고 싶은가? 사회적으로 원활한 소통을 하고 싶은가? 그 질문에 가장 적합한 정답은 효율적인 글쓰기다.

2) 능력 발휘의 도구

글쓰기는 자신의 능력을 발휘하기 위한 가장 지적인 도구이다. 글쓰기를 통해서 자신의 학업 능력과 업무 능력을 발휘하고 평가받을 수 있기 때문이다. 학교생활에서 학업적 능력은 과제, 중간고사, 기말고사 등에서 대부분 글쓰기를 이용하여 평가받는다. 학문적 지식을 높게 쌓아도 표현할 수 있는 글쓰기 능력이 따라주지 않는다면 아무 소용이 없다. 특히, 대학에서 과제물은 대부분 보고서 형식으로 작성해서 제출한다. 서론, 본론, 결론의 형식으로 보고서를 쓰면 평가에서 학습 능력을 인정받게 된다. 발표나 토론에서도 논리적으로 자신의 의견을 피력하려면 글쓰기가 우선시 되어야 한다.

직장인들의 하루는 문서에서 시작해서 문서로 끝난다고 해도 과언이 아니다. 회의에서 나온 다양한 의견들을 요약해서 글로 정리하는 일, 사업의 필요성을 논리적으로 표현할 수 있는 제안서, 일목요연하게 작성해야 할 업무 계약서, 업무 능력을 평가받을 수 있는 결과 보고서 등 모두가 글쓰기 능력이 좌우한다. 글쓰기 능력이 뛰어나면 업무 능력도 높게 평가받을 가능성이 커진다.

3. 글쓰기의 자세

1) 무조건 써라.

글을 잘 쓰고 싶으면, 좋은 글을 쓰고 싶으면 무조건 써야 한다. 글은 쓴 만큼 실력이 늘어난다. 피아노를 잘 치기 위해서는 어떻게 해야 할까? 끊임없는 연습이다. 힘들고, 지치고, 어려워도 끊임없이 시간을 투자해서 연습을 하다 보면 어느새 완곡을 하게 되고 멋진 연주를 할 수 있게 된다. 글쓰기도 그렇다.

생각은 마음으로 쓰는 글이다. 그래서 형체가 없다. 분류도 없다. 머리를 거쳐서 지나가 버리는 경우가 많다. 구슬도 꿰어야 보배다. 생각도 생각으로 있으면 그냥 생각이다. 그러나 글쓰기는 다르다. 글을 쓰는 일은 머릿속에 있는 생각들을 정리해서 주제에 따라 분류하는 작업이다. 분류작업이 끝나면 주제별로 날마다 쓴다. 매일 반복적으로 쓰면서 길러진 글쓰기 근육은 멋진 글을 선사할 날이 올 것이다.

만약에 무엇을 써야할지 막막할 때는 필사를 하는 방법도 있다. 필사 초보라면 짧은글부터 시작해야 지치지 않게 된다. 소설이라면 좋아하는 단편소설부터 필사한다. 에세이나 챕터 분량이 짧은 글도 괜찮다. 그리고 첫 문장부터 끝 문장까지 마라톤 하듯이 필사할 필요는 없다. 스스로 필요한 부분만 발췌해서 필사해도 된다. 필사에는 정석이 없기 때문이다. 마지막으로 필사가 끝났다면 생각이나 느낌 등을 기록해 두면 가장 좋다.

2) 무조건 읽어라.

아는 만큼 보이고 보이는 만큼 기억하고 기억한 만큼 쓸 수 있다. 다시 말하면 보이는 만큼 알게 되고 볼 수 있는 만큼만 인식한다는 뜻이다. 예를 들어 클래식에 문외한인 사람이 연주회를 갔을 때를 생각해 보면 이해할 수 있다. 유명한 작곡가의 작품을 실력 있는 교향악단이 연주하고 있어도 그 음악에 대해서 알고 있는 지식이 없으면 따분한 연주회가 될 수 있다. 반대로 클래식에 정통한 사람이라면 연주되는 음악에 심취할 것이고 끝나면 훌륭한 연주에 열정적인 박수를 보낼 것이다. 이처럼 얼마나 알고 있는지가 글쓰기의 관건이 될 수 있다.

그럼 이렇게 되려면 어떻게 해야 할까? 이 말을 실천할 수 있는 가장 쉬운 방법은 독서다. 우리는 책을 읽으면서 다양하고 풍부한 지식을 쌓을 수 있다. 좋은 글이란 글의 내용이 좋다는 말이다. 독서를 통해 다양하고 풍부한 지식의 저장고를 가진다면 언제든지 좋은 글을 쓸 수 있다. 또한, 독서를 통해 글쓰기에 반드시 필요한 풍부한 어휘, 어법, 구성도 함께 깨우칠 수 있다.

조선 시대 유한준은 옛 그림 화첩 '석농화원(石農畵苑)' 발문에서 이렇게 말하고 있다. "그림을 아는 자, 사랑하는 자, 보는 자, 모으는 자가 있다. …… 그림을 아는 자는 그림의 형식과 화법은 차치하고, 먼저 심오한 이치와 오묘한 만듦새 속에서 뭔가 깨닫는다. 그림 감상의 핵심은 보는 일, 사랑하는 일, 모으는 일의 허울에 있는 것이 아니라, 그림을 아는 데 있다. 알게 되면 참으로 사랑하게 되고, 사랑하게 되면 참으로 보게 되고, 보게 되면 모으게 된다. 이 단계에 이르면 모아도 그저 모으기만 하는 게 아니다."

3) 무조건 고치고 고쳐라.

초고를 다시 처음부터 읽고 고쳐 쓰는 일은 쉽지 않다. 그러나 세계적인 베스트셀러 작가 베르나르 베르베르의 첫 작품 『개미』는 완성하는 데 12년이 걸렸다. 그 긴 시간 동안 그는 백 번이 넘는 수정을 한 것으로 알려졌다. 소설가 헤밍웨이는 "모든 초고는 걸레다."라며 고쳐 쓰기를 강조했다. 노벨문학상 수상작 『노인과 바다』는 이백 번이나 고쳐 썼다고 한다. 이 말은 초고를 완성한 뒤 거의 모든 페이지의 내용을 수정했음을 알 수 있다. 그러한 퇴고의 과정을 거쳤기 때문에 완성도 높은 명작이 탄생할 수 있었다. 퇴고의 과정이 반복되면 될수록 글의 완성도는 높아진다.

4) 다르게 바라보고 다르게 생각하라.

위대한 작품은 같이 바라보고 같이 생각해서는 나오지 않는다. 누구나 쓸 수 있기 때문이다. 남들과 다르게 바라본다는 것은 '시각의 전환'을 의미한다. 남들과 다르게 생각한다는 것은 '발상의 전환'을 뜻한다.

칸딘스키가 현대 추상회화의 아버지가 될 수 있었던 시작점이 바로 '시각의 전환'이었다. 어느 날 작업실에 돌아온 칸딘스키는 이제까지 본 적 없는 신비한 그림을 보고 깜짝 놀란다. 그 그림은 색채의 찬란한 얼룩들로 이루어져 있었기 때문이다. 그런데 그는 그림 가까이에 가자마자 곧 실망한다. 자신이 그린 그림이 옆으로 눕혀져 있었기 때문이다. 그 그림이 무엇을 의미하는지 알고 나자 조금 전 보았던 아름다운 색채들은 다시 볼 수 없게 되었다. 이 사건으로 그는 예술가의 시선, 가치 등의 내적 요소가 작품의 형식을 결정한다는 사실을 깨닫게 된다. 음악이 자연의 소리를 있는 그대로 흉내 내지 않고도 훌륭한 예술을 만드는 것처럼, 그림이 자연 그대로를 흉내 내지 않고 사람의 마음을 움직일 수 있는 것처럼, 고정관념과 편견을 깨고 새로운 시각으로 세상을 바라보는 '시각의 전환'은 익숙한 방식에서 벗어나 새로운 방식의 생각인 '발상의 전환'을 불러와 독자의 공감까지 이끌어 낼 수 있다.

Q1 다음은 무슨 그림일까요?

Q2 다음 그림을 보고 연상되는 것을 쓰세요.

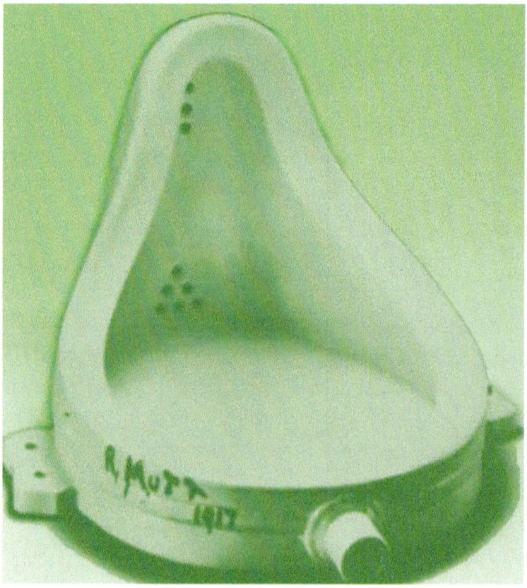

Q3 다음 두 편의 서평 중 어떤 글이 잘 쓴 글이라고 생각하나요?

❶ 동심의 온도 36.5℃

담쟁이와 돌담(이정희 지음/ 브로콜리 펴냄/ 2020년)

우리는 이 세상의 크고 작은 문제, 사건, 사고들과 원하지 않는 동행을 하고 있다. 그런 각종 불행한 일이 나에게만은 오지도 말고 오더라도 바람처럼 스쳐 지나가기를 바란다. 나의 삶은 언제나 따뜻함, 편안함에만 둘러싸여 있기를 원한다. 세상일이 뜻대로 되지 않듯이 우리의 삶도 뜻대로 되지 않고 불안과 슬픔이 엄습하곤 한다. 주저앉고 싶을 때 누군가 내미는 손, 그 손에서 느껴지는 따뜻함에 위안을 받고 일어설 수 있다.

이정희 시인의 동시집은 첫 장을 펼치는 순간 따뜻한 온기를 느낄 수 있었다. 활자에서 느껴지는 세상을 바라보는 시인의 따뜻한 시선은 일상에 지친 마음을 온기로 채워주었다.

석류꽃

매화 목련 복사꽃 배꽃 영산홍/ 지고 난 뒤// 혼자 빨갛게 피었네.// 빨간 꽃 초롱/ 가지마다 조롱조롱/ 불 밝혀 놓고// 누구를// 저렇게// 기다리고 있을까.

석류의 꽃말이 '서로 사랑하고 있다면 아무리 멀리 떨어져 있어도 마음은 서로 통한다'라고 한다. 꽃말의 주인공은 꽃이 아니다. 꽃말을 만들어 준 사람이, 그리고 누군가에게 꽃말을 마음에 담아 그 꽃을 건네는 사람이 주인공이다. 곧 꽃은 꽃이 아니고 그 꽃을 들고 있는 사람의 마음이 된다. 마음속에 있는 꽃이 세상의 꽃으로 피어 나와 마음을 전달한다. 마음속에 꽃이 있는 사람은 세상의 꽃들을 눈에 담는다. 석류꽃이 시인의 마음 꽃밭에서 자라나 세상의 단 하나의 꽃 '기다림'으로 새롭게 태어났다.

필자 글

❷ 동시에서 아포리즘을 읽다

말 숙제 글 숙제(박승우 지음/ 학이사 펴냄/ 2016년)

샤르트르는 "시인은 먼저 이름을 통해서 사물을 인식하는 대신에, 우선 사물들과 무언의 접촉을 하고, 그 다음으로 말이라는 또 하나의 사물 쪽으로 돌아서서는 그 말들을 건드리고 더듬고 만져보는 것 같다. 그리고 거기에서 어떤 고유의 작은 광채(光彩)를 찾아내고, 또 땅과 하늘과 물과 창조된 모든 것과의 독특한 유사성을 발견하기도 한다."고 하였다. 그래서인지 시를 읽을 때마다 표층 자아가 아닌 심층 자아를 읽어 내려는 강박관념에 작가가 헤게모니를 쥐고 있다는 느낌이 드는 경우가 많았다. 그래서 나는 한 권의 시집을 접할 때마다 의식적으로 작가를 등가적 교환 대상으로 규정한다. 이러한 의식적 노력 덕분에 한 편의 시를 읽을 때마다 작가와 최소한 접점을 형성할 수 있었다.

『말 숙제 글 숙제』는 공감하고자 하는 의식적인 수고가 필요하지 않았다. 오히려 각각의 시들에서 아포리즘을 발견하게 된다. 동심을 미학적·철학적으로 표현하면서 관념적으로 흐르지 않는 적정선을 유지하고 있다. 그래서일까? 시를 읽으면서 복합적 감정이 들쑥날쑥했다. 가벼우면서도 가볍지 않고, 무거우면서도 무겁지 않은 시들을 읽으면 에피퍼니(epiphany)를 경험하며 세상을 바라보는 시각이 확장된다.

필자 글

A1

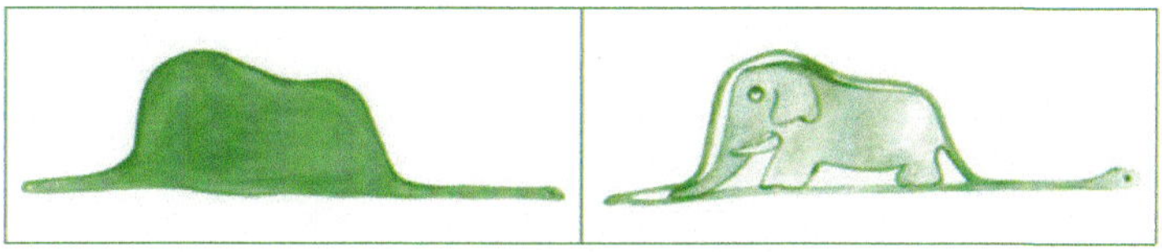

생텍쥐베리, 『어린왕자』

『어린왕자』에서 조종사는 어릴 때 보아뱀이 코끼리를 잡아먹은 모습을 그렸다. 그 그림을 어른들에게 보여주니 모두 모자라고 대답한다. 이처럼 우리는 대상을 볼 때 보이는 대로 보고 어떤 현상에 대해서는 알고 있는 지식으로만 바라본다. 외면만 보고 내면을 보지 못하는 경우가 많다. 세상을 내면인 마음으로 볼 수 있는 시각의 전환이 필요하다. 눈에 보이는 것을 믿으면 안 된다. 관찰하고, 그 속에 숨어있는 의미를 연구하는 것이 필요하다.

A2

이 작품은 1917년 4월 10일 프랑스 아티스트 마르셀 뒤샹(1887~1968)이 뉴욕 독립미술가협회전에 출품한 작품이다. 1917년 상점에서 남성 소변기를 하나 구입한 뒤샹은 이 변기에 제작년도와 함께 화장실 용품 제조업체인 리처드 머트(R. Mutt)란 이름으로 서명하고, 「샘(Fountain)」이라는 이름을 붙여 뉴욕 독립미술가협회전에 출품했다. '샘'이라는 새로운 명칭을 부여받은 변기는 원래 가지고 있는 일상적인 가치를 제거하고 새로운 맥락에서 새로운 개념과 정체성을 창조해낸 최초의 개념 예술 작품으로 불리고 있다. 발상의 전환이 새로운 예술 세계를 열었다.

A3

두 편의 서평을 읽고 잘 쓴 글로 2번을 선택할 가능성이 높다. ❶번의 글은 평이한 언어를 사용하여 누구라도 쓸 수 있을 것 같은 서평이다. ❷번은 전문적 지식이 있는 사람만이 쓸 수 있는 글이라 생각해서 잘 쓴 글로 생각할 수 있다. 그럼 질문을 다시 해보겠다. 두 편 중 편안하게 읽히는 글은 어떤 것인가? 아마 대부분 ❶번의 글을 선택할 것이다. ❷번은 잘 쓴 글 같은데 어렵다. ❶번은 평이한 언어로 되어 있어 읽기에 편하다. 이처럼 글은 독자의 유형에 따라 두 글의 평가는 달라진다.

두 글은 '서평'이다. 서평은 한 권의 책에 대한 주관적 평가와 함께 객관적 가치를 부여해서 독자에게 제공하는 안내문과 같다. 학술적인 글이 아니라면 평이한 언어로 글을 써야 한다. 평이한 언어는 모호성이 낮고 별도의 설명이 필요 없어 독자가 쉽고, 빠르게 이해를 할 수 있다. ❷번의 서평의 글은 난해한 언어와 전문용어로 가독성을 떨어뜨려 읽기에 부담감을 준다.

Chapter **2**

창의적 사고와 글쓰기

좋은 글을 쓰려면 먼저 창의적 사고가 우선이다. 내 생각을 전달하고 타인의 생각을 이해하기 위해서는 논리적·비판적 사고력이나 객관적인 판단 능력보다는 상황에 따른 자신만의 관점인 창의적 사고와 대상을 향한 공감 능력이 필요하다. 그러면 창의적인 사고와 공감하는 능력은 어떻게 키울 수 있을까?

1. 생각의 흐름 파악하기[1)]

로버트 루트번스타인(Robert Root-Bernstein)과 아내 미셸 루트번스타인 (Michèle Root-Bernstein)은 아인슈타인, 피카소, 스티브 잡스 등과 같은 사람들은 어떻게 남다르게 창의적으로 사고하고 세상을 바꿀 수 있었을까?'라는 궁금증을 가지고 있었다. '그들은 늘 세상을 주어져 있는 대로 받아들이지 않고 어떻게 다르게 만들 수 있는지에 대하여 고민했으며, 머릿속에서 끊임없이 무엇인가를 상상하는 그들의 습관이 혁신적인 결과물을 만들어 냈다.'라는 해답을 찾아내었다. 창조적인 일을 하는 사람들은 다양한 방법으로 생각의 도구를 사용하였고 창조적인 생각의 흐름을 13가지 생각의 도구로 모은 책이 『생각의 탄생』이다.

창의적인 사람들이 사용했던 13가지 생각의 도구는 '관찰', '형상화', '패턴 인식', '패턴 형성', '유추', '몸으로 생각하기', '감정이입', '차원적 사고', '모형 만들기', '놀이', '변형', 그리고 마지막으로 '통합'이다. 이 중 관찰과 형상화와 유추, 감정이입이

1) 로버트 루트번스타인·미셸 루트번스타인, 박종성 옮김, 『생각의 탄생』, 참조.

일상적인 차원에서보다 창의적인 사고를 위한 '생각의 도구'라 할 수 있다.

관찰이란 오감을 통해 보고, 듣고, 만지고, 맡고, 느끼면서 사물이나 현상을 주의 깊게 조직적으로 파악하는 행위이다. 관찰은 객관적이면서도 주관적이다. 오감을 통해서 관찰하면 외부의 영향 또는 상황에 따라 달라진다. 관찰은 보이는 것을 보게 하기도 하고 보이지 않는 것을 보이게 할 수도 있다. 예를 들어 새로운 사람을 만났을 때 외모로만 관찰해서 그 사람을 파악할 수 없다. 그 사람과의 대화와 행동 등을 관찰해야 정확히 파악할 수 있다. 관찰은 직접 체험하는 영역이어서 무엇보다 생생한 글쓰기로 이끌어 준다.

형상화에서는 관찰에서 오감으로 느낀 것이 영감이 되어 머릿속에서 밑그림과 구도를 계획적으로 확장시키는 행위를 말한다. 어떤 대상이 관찰로 형상화가 되어 재창조되게 한다. 형상화란 다시 말해서 관찰한 것을 이미지화 하는 것이다.

유추란 둘 혹은 그 이상의 현상이나 복잡한 현상들 사이에서 기능적 유사성이나 일치하는 내적 관련성을 알아내는 것을 말한다. 유추는 우리가 기존 지식의 세계에서 새로운 이해의 세계로 도약할 수 있도록 도와준다. 『생각의 탄생』에서는 보지도, 듣지도 못했던 헬렌캘러가 감각과 유추를 통해서 세상을 이해할 수 있었다며 유추의 중요성을 강조하고 있다. 유추란 우리가 알고 있는 것을 통해 모르는 것을 추측해 보는 생각법이다. 관찰을 통해서 외적인 모습을 알았다면 내적인 모습은 형상화를 통해 알 수 있다. 그리고 그것이 가지고 있는 가치,

신념 등의 내면은 유추를 통해 알 수 있다.

감정이입은 이심전심, 역지사지, 공감을 말한다. 즉, 특정 대상에 감정을 이입하고 내가 그 대상이 되어서 문제를 해결하는 방법을 찾아가는 과정을 말한다. 상대를 이해하기 위해서는 감정이입이 중요한 수단 중 하나가 된다.

창의적인 글쓰기를 하려면 먼저 예리한 관찰이 요구된다. 관찰은 다른 관점과 시각으로 대상과 현상을 바라보게 한다. 기존의 생각이나 사물을 새로운 상황에 적용하여 형상화 작업을 한 후 유추를 통해 새로운 주제와 소재를 찾아 읽는 사람이 텍스트에 흥미를 가지도록 해야 한다.

2. 고정관념에서 탈피하기

고정관념은 한번 형성되면 쉽사리 변하지 않는 행동을 일으키는 주된 사고나 특정 단체의 사람들에 의해 굳어버린 과한 일반화된 사고를 말한다. 고정관념에 벗어나야만 능동적 사고 방식인 창의적 사고를 할 수 있다. 창의적 사고를 막는 대표적인 고정관념은 성적 고정관념이라고 할 수 있다. 성적 고정관념은 성별에 따라 어떤 역할과 행동이 적절하다고 고정시키는 생각이다. 예를 들어, "남자는 강하고 냉철해야 한다." 또는 "여자는 부드럽고 다정해야 한다."와 같은 고정관념은 광고, 드라마, 영화 등에서도 종종 나타난다. 이러한 고정관념은 성별에 따라서 개인의 성격과 행동을 제한할 수 있으며, 이는 개인의 자율성과 다양성을 제한하는 결과를 가져올 수 있다.

그리하여 그들은 날았다

기욤 아폴리네르

나는 너희에게 오직 천사만을 보냈다.
중요한 것은 아무것도 없다.
그가 말했다. "가장자리 끝으로 와라"
그들이 대답했다. "우린 두려워요."
그가 다시 말했다. "가장자리 끝으로 오라"
그들이 왔다.
그는 그들을 밀어 버렸다.
그리하여 그들은 날았다.

루스벨트 미국 대통령은 가장 좋은 선택에 대해서 "결정을 내릴 때 가장 좋은 선택은 옳은 것을 하는 것이고, 그다음으로 좋은 선택은 잘못된 일을 하는 것이며, 가장 안 좋은 선택은 아무것도 하지 않는 것이다."라고 하였다. 우리는 고정관념에 사로잡혀 아무 선택을 하지 않는 경우가 있다. 하지만 우리의 행동만이 현재와 미래를 바꿀 수 있다. 창의적 사고를 하려면 현실에 안주하거나 통념에 의지하지 말고 손해를 보더라도 행동으로 옮길 수 있는 용기가 필요하다. 이 시에서처럼 하나의 현상 또는 문제에 대해 어떻게 바라보고 생각하고 행동하느냐에 따라 현재가 달라질 수 있다. 불가능하다고 생각하면 그건 영원히 불가능으로 끝나지만 다른 관점으로 생각해보고 방법을 찾는다면 가능하다는 해답을 찾을 수 있다. 한 걸음 내딛는 일은 도약의 시작점이 된다.

3. 주체적 관점 갖기

Q1 누가 보이나요?

착시 그림 '나의 아내와 시어머니', 위키미디어 코먼스

1915년 영국 만화가 윌리엄 엘리 힐이 미국의 한 유머 잡지에 게재한 그림이다. 이 그림에서 어떤 사람은 젊은 여성이, 어떤

사람은 노인의 모습이 먼저 보인다. 두 여성이 있지만 두 여성을 한꺼번에 볼 수는 없다. 한 번에 한 인물만 보인다. 보는 관점에 따라 젊은 여성으로, 늙은 여성으로 보인다. 글쓰기에서는 감각 기관을 통해 받아들인 '객관적 사실'을 나만의 주체적 관점으로 해석하는 능력이 필요하다.

때로는 『어린왕자』에 나오는 어른들처럼 관찰의 결과는 관찰자의 배경지식에 따라 왜곡될 수 있다. 왜 그런 일이 벌어지냐면 우리가 관찰하는 것은 외부세계 그 자체가 아니기 때문이다. 우리는 외부세계에서 들어오는 감각을 뇌에서 해석한 이미지를 본다. 이에 해당하는 그림을 하나 보자.

Q2 이 그림에서 무엇이 보이나요?

Stephen K. Read, "인지심리학", 2006

질문을 보고 이 그림에 무엇이 있다고 생각하고 찾으려 할 것이다. 아마 처음 이 그림을 보았을 때는 하얀 여백에 검은 점 같은 것들이 흐트러져있는 대상으로 다가왔을 것이다. 여러분은 무엇인지도 모르는 무언가를 찾았는가? 그 숨은 그림은 고개를 숙이고 물을 마시는 달마시안 개다. 이제 보이는가? 이제부터 이 그림은 '달마시안' 그림으로 바라보게 될 것이다. 이처럼 우리 눈에 보이는 것은 있는 그대로의 객관적인 실체가 아니다. 우리가 보는 것, 생각하는 것, 표현하는 것 모두가 사실이 아니라 이미지화 된 '해석'을 보는 것이다. 예를 들어 '카네이션 꽃'을 생각해보자. 이 꽃은 그냥 예쁜 꽃이 아니다. 부모님께, 선생님께 감사의 마음을 전할 때 드리는 꽃이다. 우리는 카네이션을 '감사' 의미로 이미지화하여 표현하고 있다. 똑같은 사물이라도 보는 사람의 시각에 따라 달라질 수 있다. 바라보는 세상을 자신의 잣대로 바라보기 때문이다.

따라서 창의적 글쓰기를 하려면 기존에 갖고 있던 고정관념을 버리고 주체적 관점으로 세상을 관심 있게 보고 관찰하는 눈이 필요하다. 그리고 관찰한 결과물에 의미를 부여하는 작업이 필요하다. 글쓰기란 의미 없는 형체에서 의미 있는 형체 찾기라 할 수 있다.

글쓰기 활동

Q 글을 쓸 때 어떤 어려움을 겪고 있는지 무엇이 가장 어려운지를 표시하고 써 봅시다.

▶ 나의 글쓰기 점검

- 무엇을 써야 할지 막막할 때가 많다. (　　)
- 자료를 찾지 않고 무조건 글부터 써 내려간다. (　　)
- 주어진 글쓰기 과제를 이해하지 못할 때가 많다. (　　)
- 문장을 문법구조에 맞게 작성할 수 있다. (　　)
- 자신의 글에서 문장 오류를 찾아보고 고치려는 의지를 갖고 있다. (　　)
- 단락의 구성요소(주제문, 보충문장, 예시, 부연설명)를 지켜 글쓰기를 할 수 있다. (　　)
- 한 편의 글이 되도록 여러 단락을 기능적으로 연결할 수 있다. (　　)

Q 다음 상황을 창의적으로 상상하여 써 봅시다.

▶ 나는 용서한다.

Chapter **3**

우리말 바로 쓰기

Q 나의 맞춤법 실력은?

1	정답을 알아맞추다 (　　)	정답을 알아맞히다 (　　)
2	빨리 갈게 (　　)	빨리 갈께 (　　)
3	알맞은 (　　)	알맞는 (　　)
4	아름다와 (　　)	아름다워 (　　)
5	깨끗이 (　　)	깨끗히 (　　)
6	웃어른 (　　)	윗어른 (　　)
7	넷째 (　　)	네째 (　　)
8	아니에요 (　　)	아니예요 (　　)
9	그리고 나서 (　　)	그러고 나서 (　　)
10	출석률 (　　)	출석율 (　　)
11	공부하려고 (　　)	공부할려고 (　　)
12	껍질채 삶다 (　　)	껍질째 삶다 (　　)
13	도와주십시오 (　　)	도와주십시요 (　　)
14	멋장이 (　　)	멋쟁이 (　　)
15	달걀 껍질 (　　)	달걀 껍데기 (　　)
16	설레이는 마음 ( )	설레는 마음 (　　)
17	우레 같은 박수 (　　)	우뢰 같은 박수 (　　)
18	일을 벌이다 (　　)	일을 벌리다 (　　)
19	나의 바람은 ( )	나의 바램은 (　　)
20	덕을 베품 (　　)	덕을 베풂 (　　)

- 18~20개 맞음 : 똑똑하시군요.
- 15~17개 맞음 : 더 잘할 수 있어요.
- 11~14개 맞음 : 점수가 부끄럽네요.
- 10개 이하 맞음 : 지금 당장 공부하세요.

1. 자주 틀리는 맞춤법

1) 분량, 크기를 뜻하는 [양/량]

한자어 명사 다음에는 '량'으로 적고 고유어와 외래어 명사 다음에는 '양'으로 적는다.

Q1

밥량	밥양
흐름량	흐름양
공부량	공부양
작업량	작업양
교통량	교통양
칼로리량	칼로리양

2) 구분된 지면을 뜻하는 [난/란]

한자어 명사 다음에는 '란'으로 적고 고유어나 외래어인 명사 다음에는 '난'으로 적는다.

Q2

공란	공난
어머니란	어머니난
정답란	정답난

어린이란	어린이난
투고란	투고난
칼럼란	칼럼난
독자란	독자난
비고란	비고난

3) 비율을 뜻하는 [율/률]

받침이 있는 말 다음에는 '률, 렬'로 적고 'ㄴ'받침을 가진 명사 뒤나 모음 뒤에서는 '율, 열'로 적는다.

Q3

명중률	명중율
감소률	감소율
당첨률	당첨율
출석률	출석율
성공률	성공율
비률	비율
비만률	비만율
합격률	합격율

4) '-던지'? /'-든지'?

【-던지 : 회상 어미】

'던지'는 과거의 회상에 대한 시제를 부여하는 대표적인 회상 어미다.

【-든지 : 선택할 수 있는 상황에 쓰이는 어미】

- 항상 나열된 동작이나 상태, 대상 중에서 선택의 상황에서 쓴다.
- 몇 가지 중 어떤 일이 일어나도 상관없을 때 쓴다.

Q4

힘들게 살았던 그 시절이 지금은 그립다.	힘들게 살았든 그 시절이 지금은 그립다.
그날따라 날씨는 왜 그리 춥던지.	그날따라 날씨는 왜 그리 춥든지.
가든지 오든지 마음대로 해라.	가던지 오던지 마음대로 해라.
무엇을 선택하든지 결과는 똑같다.	무엇을 선택하던지 결과는 똑같다.
얼마나 배가 고팠던지 밥을 허겁지겁 먹었어.	얼마나 배가 고팠든지 밥을 허겁지겁 먹었어.
배든지 사과든지 마음대로 먹어라.	배던지 사과던지 마음대로 먹어라.

5) '안'? /'않'?

'안'은 부정 또는 반대의 뜻을 나타내는 부사 '아니'의 준말이다. '않'은 동사나 형용사 아래에 붙어 부정을 뜻하며 '-아니하'의 준말이다.

Q5

숙제 안한 사람은 앞으로 나오세요.	숙제 않한 사람은 앞으로 나오세요.
양복에 고무신은 서로 안 어울린다.	양복에 고무신은 서로 않 어울린다.
동생이 밥을 먹지 안았다.	동생이 밥을 먹지 않았다.
영희는 놀지 안고 공부만 한다.	영희는 놀지 않고 공부만 한다.
친구는 축구를 좋아하지 안는다.	친구는 축구를 좋아하지 않는다.
내 말이 맞지, 안 그래?	내 말이 맞지, 않 그래?

6) '데'? /'대'?

자신이 직접 경험한 것을 말할 때는 '-데', 남이 말한 것을 전달할 때, 놀라움과 의문형을 표현할 때 '-대'를 쓴다.

*'데' 데=더라, 그렇데=그렇더라	*'대' 대=라고 해, 그렇대=그렇다고 해

Q6

오늘 시장에 갔는데 사람이 정말 많데.	오늘 시장에 갔는데 사람이 정말 많대.
친구가 급한 약속이 있어서 못 온데.	친구가 급한 약속이 있어서 못 온대.
기태가 말하기를 그 집 빵이 정말 맛있데.	기태가 말하기를 그 집 빵이 정말 맛있대.
건우가 오늘 아파서 결석했데.	건우가 오늘 아파서 결석했대.
담임 선생님이 오늘 왜 기분이 안좋데?	담임 선생님이 오늘 왜 기분이 안좋대?
와! 목걸이가 너무 예쁜데.	와! 목걸이가 너무 예쁜대.

7) '께'? /'게'?

'부모님께', '선생님께' 등 공손을 나타내는 조사에는 '께', 상대에게 어떤 행동을 할 거라고 전달할 때, 종결어미일 때는 '게'를 쓴다.

Q7

숙제하고 놀께요.	숙제하고 놀게요.
이 연필은 내 꺼야.	이 연필은 내 거야.
아마 그럴걸.	아마 그럴껄
나 이거 할께.	나 이거 할게.
그거 이따가 할께요.	그거 이따가 할게요.

8) '-오'? /'-요'?

(1) 설명, 의문, 명령, 청유일 때는 종결어미 → '-오'

(2) 질문에 Yes, No로 대답하는 말이 아니고 어떤 사실을 부정하는 뜻일 때 → '아니오'

예) 미시오, 당기시오/ 질문에 답하시오

(3) 어떤 사물이나 사실 따위를 열거할 때 연결어미 → '이요'

(4) 윗사람이 묻는 말에 부정하여 대답할 때 → '아니요'

예) 이것은 오답이요, 저것은 명답이다. / 밥은 먹었니?, 아니요, 못 먹었어요

Q8

조용히 해 주십시오.	조용히 해 주십시요.
아이를 울리지 마십시오.	아이를 울리지 마십시요.
빨리 집으로 가시오.	빨리 집으로 가시요
안녕히 계십시오.	안녕히 계십시요.
저 사람은 내 친구가 아니오.	저 사람은 내 친구가 아니요.
수고하십시오.	수고하십시요.

9) '되'? /'돼'?

(1) '되어'를 넣어서 말이 되면 → '돼'

(2) '되어'를 넣어서 말이 안 되면 → '되'

(3) '하'를 넣어 말이 되면 → '되'

(4) '해'를 넣어 말이 되면 → '돼'

- 됬다? 됐다? → (핬다 × 했다 ○) → 됐다
- 되서? 돼서? → (하서 × 해서 ○) → 돼서
- 되고서? 돼고서? → (하고서 ○ 해고서 ×) → 되고서

Q9

잘되	잘돼
시험을 안 보면 안 되나요?	시험을 안 보면 안 돼나요?
안되다	안돼다
가지게 되다.	가지게 돼다
들어오시면 안 되요	들어오시면 안돼요
나는 경찰관이 되는 게 꿈이야.	나는 경찰관이 돼는 게 꿈이야.
금요일까지 숙제하면 되요.	금요일까지 숙제하면 돼요.

10) '이'? /'히'?

(1) '이' : 끝음절의 소리가 '-이'로만 나는 경우

(2) '히' : '히'로 나거나, '이'나 '히'로 나는 경우, '하다'를 붙여서 말이 되는 경우

Q10

솔직이 말해서 그가 부러웠다.	솔직히 말해서 그가 부러웠다.
방을 깨끗이 청소했구나.	방을 깨끗히 청소했구나.

가만이 앉아있어.	가만히 앉아있어.
다행이 비가 오지 않았어.	다행히 비가 오지 않았어.
느긋이 오는 모습이 좋았다.	느긋히 오는 모습이 좋았다.
주말이면 틈틈이 책을 읽는다.	주말이면 틈틈히 책을 읽는다.

11) 사이시옷

(1) 두 단어가 합해져서 하나의 단어가 된 것

(2) 그 두 단어 중 하나는 반드시 고유어일 것

(3) 원래에는 없었던 된소리가 나거나 'ㄴ'소리가 덧날 것

(4) 한자어 + 한자어 결합은 사이시옷을 쓰지 않는다.

※ 예외 : 곳간/셋방/숫자/찻간/툇간/횟수

Q11

순대국	순댓국
초점	촛점
장미빛	장밋빛
장마비	장맛빛
북어국	북엇국
종가집	종갓집
등교길	등굣길

12) '위'? / '윗'? / '웃'?

(1) '위'와 '아래'의 대립 관계가 성립하는 경우에는 '위', '윗'이 되고 성립이 되지 않으면 '웃'으로 쓴다.

(2) 된소리나 거센소리가 뒤에 오면 '위'로 적고 아닐 경우는 '윗'으로 쓴다.

Q12

위층	윗층
위입술	윗입술
웃어른	윗어른
위쪽	윗쪽
웃옷	윗옷
웃사람	윗사람
웃돈	윗돈

※ 예외

- 웃옷 : 맨 겉에 입는 옷
  윗옷 : 위에 입는 옷
- 웃물 : 잘 섞이지 못해 위에 따로 생기는 물
  윗물 : 상류에서 흐르는 물
- 웃바람 : 겨울에 방으로 스며드는 찬 기운
  윗바람 : 상류 쪽에서 불어오는 바람

13) '으로서'? / '으로써'?

(1) '으로서' : 자격이나 지위, 신분을 나타내는 말로 사람이나 생물에 쓰임

(2) '으로써' : 수단이나 도구를 나타내는 말로 미생물에 쓰임

(3) 'ㄹ'을 제외한 받침 있는 체언에 붙어 사용, 어떤 동작이 시작되는 것을 나타냄

Q13

학생으로서 최선을 다하자.	학생으로써 최선을 다하자.
말로서 천 냥 빚을 갚는다.	말로써 천 냥 빚을 갚는다.
과학자로서 사회에 이바지하고자 합니다.	과학자로써 사회에 이바지하고자 합니다.
공부를 시작함으로서 새 길을 찾았다.	공부를 시작함으로써 새 길을 찾았다.
이로서 10년이 지났다.	이로써 10년이 지났다.
선생님으로서 책임을 다했다.	선생님으로써 책임을 다했다.

14) 그 외

그녀를 만난다는 생각에 나는 밤새 (**설렘/설레임**)으로 잠을 이룰 수 없었다.
내일 (**뵈요/봬요**).

나의 (**바람/바램**)은 올림픽에 나가 금메달을 따는 것이다.
아무리 힘들어도 (**오뚜기/오뚝이**)처럼 넘어지지 않고 달릴 거야.
오늘은 (**웬지/웬지**) 바다가 보고 싶다.
할아버지가 (**뇌졸증/뇌졸중**)으로 쓰러지셨다.

2. 자주 틀리는 외래어 맞춤법

된소리는 쓰지 않는다.

예) 카페, 가스, 사이렌, 사인, 서비스

단, 껌은 허용

Q14

넌센스	난센스
깁스	기브스
매니아	마니아
소시지	소세지
카펫	카페트
잼	쨈
커닝	컨닝
리포트	레포트
딸기 쉐이크	딸기 셰이크
링겔	링거

화이팅	파이팅
메세지	메시지
자켓	재킷
케이크	케잌
워크숍	워크샵
캡쳐	캡처
리더십	리더쉽

3. 자주 틀리는 띄어쓰기

1) '우리'는 뒤에 오는 말과 띄어 쓴다. 단, 우리나라/우리말/우리글은 고유명사여서 붙여 쓴다.
2) 쌍점(:)
   - 필요 물품 : √휴지, 필기구(O)
   - 필요 물품√: √휴지, 필기구(×)

   단, 시간 표기할 때는 쌍점 앞뒤의 숫자를 모두 붙여 쓴다. (10:15)
3) '제1회'/'제√1회'/'제1√회'?
   - '제'접두사, '회'는 의존 명사
   - '제1회' / '제1√회' (O)
4) '만큼'

   체언일 경우 붙여 쓰고 용언일 경우 의존 명사이기 때문에 띄어 쓴다.

예) 형만큼, 우리나라만큼
　　아픈 만큼, 많은 만큼, 노련한 만큼

5) 단위를 나타내는 명사는 띄어 쓴다. 단, 숫자로 표기할 때는 붙여 쓴다.

예) 한 개, 차 한 대, 소 한 마리, 열 살 / 10살, 2마리

6) 성과 이름, 성과 호 등은 붙이고, 이에 덧붙는 호칭어, 관직명은 띄어 쓴다.

예) 윤일영 선생님, 유일한 박사, 충무공 이순신 장군,
　　김철수 님(의명), 김영희 씨, 이홍우 군

7) '밖에'

- 명사 : 지금 창 밖에 비가 내린다. ↔ 안
- 조사 : 연필이 하나밖에 남지 않았다
  : '그것 말고는', '그 것 이 외에는'의 뜻.
  : 뒤에는 반드시 부정적인 뜻을 지닌 말이 온다.

Chapter 4

단락 쓰기

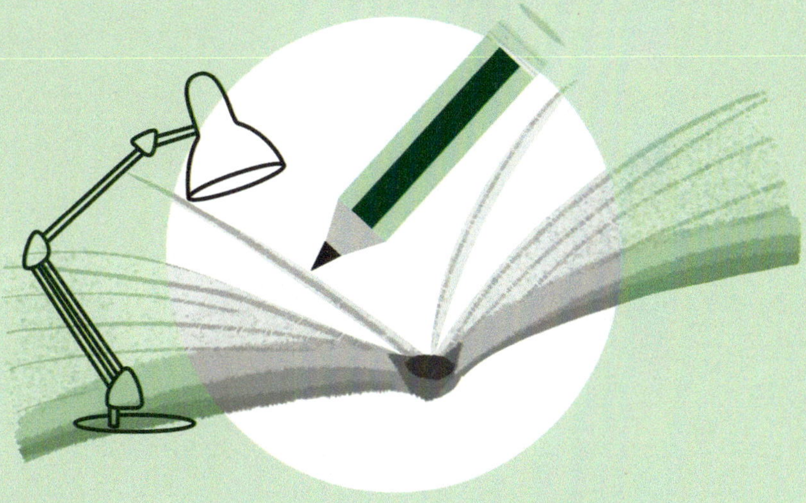

글을 이루는 최소 단위인 단어와 구, 절이 모여 문장이 되고 문장이 모여 단락이 된다. 단락이 모여서 한 편의 글이 된다. 보통 하나의 단락은 7~8개의 문장으로 이루어져 있다. 단락 구성을 알아보기 전에 문장 쓰기에 대해서 알아보겠다.

1. 바른 문장 쓰기

글쓰기의 출발점은 문장 쓰기에서 시작한다. 문장에는 글쓴이의 생각, 느낌이 들어가는 최소 단위다. 바른 문장이란 문법에 맞는 문장을 말한다. 문장이 올바르지 않으면 글의 의미가 명확하게 드러나지 않는다. 독자가 쉽게 이해할 수 있는 좋은 글을 쓰려면 바른 문장을 쓰기 위해 노력해야 한다.

1) 문장은 간결해야 한다. 가능하면 문장의 길이를 짧게 한다. 한 줄 넘어가지 않도록 문장을 쓰는 방법도 좋다.
2) 같은 단어를 중복해서 쓰지 말자. 중복해서 사용하면 전체 문장이 명료해지지 않는다.
3) 한 문장 안에는 하나의 내용만 담자. 여러 개의 내용을 담다 보면 논리적이지 않고 설득력을 얻기가 어렵다.
4) '-것', '-적'의 사용을 자제하자. 글을 쓸 때 습관적으로 쓰는 경향이 있다. 하지만 뚜렷한 의미가 없어 의미가 모호해지기 때문에 자제해야 한다.
5) 접속사 사용을 최대한 자제한다. 문장 간 문장 사이에는 접속사 대신 앞 문장의 내용을 이어받아서 쓰면 된다.
6) 각 단락의 첫 문장은 단문으로 쓰자. 첫 문장이 짧으면 글

쓴이가 무엇을 이야기하고자 하는지 바로 파악할 수 있고 다음 문장을 이어가는 데 부담이 없다.

【예문】

사람들은 아버지를 난장이라고 불렀다. 사람들은 옳게 보았다. 아버지는 난장이었다. 불행하게도 사람들은 아버지를 보는 것 하나만 옳았다. 그 밖의 것들은 하나도 옳지 않았다.

(중략)

천국에 사는 사람들은 지옥을 생각할 필요가 없다. 그러나 우리 다섯 식구는 지옥에 살면서 천국을 생각했다. 단 하루도 천국을 생각해보지 않은 날이 없다. 하루하루의 생활이 지겨웠기 때문이다. 우리의 생활은 전쟁과 같았다. 우리는 그 전쟁에서 날마다 지기만 했다. 그런데도 어머니는 모든 것을 잘 참았다.

조세희, 『난장이가 쏘아올린 작은 공』 중에서

『난장이가 쏘아올린 작은 공』의 특징 중 하나가 단문이다. 첫 문장부터 독자의 궁금증을 불러일으킨다. 문장이 간결하다 보니 중복되는 단어도 없고 한 문장 안에 하나의 생각만 들어가 있다 보니 이해하기가 쉽다. 밀리언셀러가 된 이유 중 하나가 문장의 간결함이 아닐까 싶다.

오늘날 '난장이'는 틀린 표기이고 '난쟁이'가 맞는 표기법이다. 그러나 이 책이 발간된 1978년에는 '난장이'가 맞는 표기법이었다. 일각에서는 『난장이가 쏘아올린 작은 공』에서 '난장이'

를 고유명사로 지정해야 한다는 목소리도 있다.

2. 단락 쓰기

1) 단락의 개념

단락을 구분하지 않고 쓴 글은 좋은 글이 될 수 없다. 만약 단락을 구분하지 않고 글을 쓴다면 전개 과정이 제대로 드러나지 않은 혼란스러운 글이 된다. 단어가 모여 문장이 되고, 문장이 모여 단락이 되며 이 단락들이 모여 한 편의 글이 완성된다. 단락은 한 편의 완성된 글의 하위 단위가 된다. 각 단락은 글 전체의 주제를 나타내기 위해 각각의 중심 생각을 내세운다. 다시 말해서 단락은 글 전체의 주제를 나타내기 위해 하나의 완결된 소주제가 있다. 이 소주제는 독립된 조직체이지만 다른 단락과 상호 밀접한 관련성이 있어야 한다. 단락은 앞 문장의 논리를 뒷받침해 주는 문장들이 연결되어야 하는 연결성과 내용은 중심 내용에 맞게 통일성을 가지고 있어야 한다. 단락의 소주제는 하나의 생각으로 마무리되는 완결성도 가지고 있어야 한다. 그리고 단락의 길이는 7~8개의 문장으로 구성하는 것이 좋다. 한 편의 글이 비슷한 단락의 길이로 구성이 되면 시각적인 안정감과 가독성을 높일 수 있어 주제 전달에 효율적이다.

단락 구성의 3대 요건
연결성, 통일성, 완결성

단락은 중심 문장, 뒷받침 문장, 결론 문장으로 구성되어 있다. 소주제를 담고 있는 문장을 중심 문장이라고 한다. 뒷받침 문장은 중심 문장을 부연, 논증, 예증하는 등 세부적으로 구체화하는 역할을 한다. 단락은 중심 문장과 뒷받침 문장이 놓이는 위치에 따라 대체로 네 가지 유형으로 구분할 수 있다. 중심 문장이 단락의 서두 부분에 놓이는 두괄식, 중간 부분에 놓이는 양괄식, 끝부분에 놓이는 미괄식, 처음 부분과 마지막 부분은 뒷받침 문장이 오고 가운데 부분에 중심 문장이 오는 중괄식이 있다. 글쓰기에 익숙하지 않을 때는 중심 문장을 서두에 오는 두괄식으로 쓰면 글쓰기가 수월해진다. 단락에서 중심 문장은 하나여야 되고 그 나머지는 뒷받침 문장이 되어야 된다. 한 단락 안에 중심 문장이 둘이 있으면 논리가 흐트러지고 만다. 하나의 단락이 끝나고 다음 단락을 쓸 때는 행을 바꾸어 '들여쓰기'를 하면 구분된다. 들여쓰기는 새로운 이야기로 넘어간다는 점을 독자에게 시각적으로 알려주는 역할을 한다. 뒷받침 문장은 중심 문장을 보충하는 내용으로 작성해야 한다. 중심 문장이 단락 끝부분에 올 때는 따로 결론 문장을 쓸 필요 없다. 다음 단락으로 넘어갈 때 결론 문장을 다음 단락에 다루는 내용을 암시하면 글의 흐름이 자연스러워진다.

단락의 구성

중심 문장, 뒷받침 문장, 결론 문장

유형 1) 두괄식: 중심 문장 + 뒷받침 문장들
유형 2) 미괄식: 뒷받침 문장들 + 중심 문장
유형 3) 양괄식(쌍괄식): 중심 문장 + 뒷받침 문장 + 중심 문장
유형 4) 중괄식: 뒷받침 문장 + 중심 문장 + 뒷받침 문장

그럼 글쓰기에서 주로 사용하는 두괄식과 미괄식의 단락 구성에 대해 살펴보겠다.

【예문 1】

리더의 긍정적 사고방식은 구성원들에게 자신감을 심어준다. 이를 심리학에서는 피그말리온 효과(Pygmalion Effect)라 한다. 리더가 주위 사람들에게 긍정적인 이야기를 하며 그들에 대한 높은 기대감을 지속적으로 드러내면, 사람들은 리더가 기대하는 대로 행동하고 좋은 결과를 낼 수 있다는 이론이다. 1968년 하버드 대학의 사회심리학자인 로젠탈 교수는 초등학교 한 반에서 20% 정도의 학생을 무작위로 뽑았다. 그리고 교사에게 이 학생들은 이지적 능력과 학업 성취가 특히 뛰어나다고 말했다. 그리고 8개월 후, 이 학생들의 시험 성적은 실제로 다른 학생들보다 월등히 높게 나왔다. 교사의 높은 기대가 높은 학업 성취로 이어진 것이다.

정동일, 『사람을 남겨라』 중에서

[예문 1]은 중심 문장 + 뒷받침 문장들로 이어진 두괄식 유형의 글이다. 생각을 먼저 밝히고 부연설명으로 전개해 나가서 필자의 의도를 분명하게 알 수 있다. 두괄식 유형의 중심 문장은 단문으로 서술하면 전달에 효과적이다. 이 유형은 뒷받침 문장들이 중심 문장의 의도와 무관한 내용이 들어가 논지가 흐려지는 일을 방지해 준다. 또한, 리더의 긍정적 사고방식은 구성원들의 학업 성취로 이어진다며 자연스럽게 마무리하고 있다.

【예문 2】

우리가 행복하지 않은 이유는 두 가지라고 생각합니다. 첫 번째는 우리의 지나친 경쟁심입니다. 내가 아무리 똑똑하고 가진 것이 많아도, 나보다 더 똑똑하고 가진 게 많은 사람을 보면 사람들은 자신이 불행하다고 느낍니다. 우리는 이것을 상대적 박탈감이라고 말합니다. 예를 들어 여러분의 자녀가 학교에서 성적표를 들고 왔는데 평균 75점으로 1등을 한 것과 평균 95점으로 3등을 한 것 중 어느 쪽이 더 반가울까요? 이때 많은 사람들이 75점이라도 1등을 한쪽을 선택합니다. 솔직히 저 역시 그쪽을 선택할 것 같습니다. 그것이 바로 전형적인 한국 사람의 특징입니다. 점수가 중요한 게 아니라 등수가 중요한 것이지요. 그래서 우리가 행복해지려면 다른 사람과 비교하는 마음을 버려야 합니다. (후략)

고은 외, 『어떻게 살 것인가』 중에서

[예문 2]는 뒷받침 문장들 + 중심 문장으로 이루어진 미괄식 유형이다. 이 유형의 뒷받침 문장들은 주제 문장에 대한 독자의 동의, 공감을 얻기 위해 논리적으로 서술되어야 한다. 서술자의 주장은 독자들의 동의와 공감이 있어야 받아들여지기 때문이다. 이 글에서도 첫 문장을 단정적으로 서술하지 않고 '~라고 생각합니다' 시작해서 자신의 견해를 언급하는 방법으로 뒷받침 문장들을 이어나가고 있다. 그리고 마지막 문장에 행복해지려면 다른 사람과 비교하는 마음을 버려야 한다고 주장하고 있다.

단락을 미괄식으로 쓸지, 두괄식으로 쓸 지는 글의 내용에 따라 결정한다. 그러나 글쓰기가 익숙하지 않은 사람의 경우는 유형1인 미괄식을 쓰면 효과적이다. 논리적으로 글을 구성할 수 있는 안목이 있다면 미괄식으로 써 보기를 권한다.

3. 단락 나누기 실제

다음 글은 전체가 하나의 단락이다. 단락 구분이 되지 않아서 읽기가 불편하다. 그리고 내용이나 주제를 바로 파악하기가 힘들어 공감을 얻기가 힘들다. 그럼 이 글의 단락 나누기를 해 보자.

【예문 3】

나는 앞으로 일어날 일들은 지금 일어난 일에 의해 일어난다는 확신을 한다, 그래서 일상 속 찰나의 순간들을 놓치지 않으려 항상 마음가짐을 다잡고 있는 편이다. 한순간의 '선택'이 '인생'을 결정지을 수 있다는 것을 경험을 통해 배우고 있기에 매사에 신중함을 잃지 않으려 하고 있으며 나에게 다가오는 기회를 잡고 싶다는 욕심에 둘러싸여 지금도 성장통과 마주하는 중이다. 학창 시절 대부분의 남자들은 거들떠보지도 않았던 '간호학과'에 진학을 한 덕분에 나는 간호사가 되었고, 인연이 이어져 평생의 동반자로 간호사 아내를 맞게 되었다. 우연히 들었던 강연 덕분에 8권의 책을 집필하게 되었고, 이제는 내가 강단에 서서 여러 독자와 함께 소통할 수 있게 되었다. 글을 읽는다는 것은 저마다의 이유가 있겠지만, 공통적으로는 글을 통해 무엇인가를 바라보기 위함일 것이다. 글을 통해서라면 세상 어느 곳이든 교감할 수 있다. 심지어 이 세상에 존재하지 않는 어느 곳이든. 그렇기에 글을 쓰는 입장이든, 글을 읽는 입장이든 아름다운 것들을 추구하며, 나로 인해 긍정의 기운으로 받아들여지길 바랄 뿐이다. 요지경 속의 세상에서 미래를 예측할 순 없더라도 예상을 할 수 있으려면 지금 우리가 서 있는 곳에서 당신은 무엇을 바라보는지를 들여다볼 필요가 있다. 찰나의 선택이 당신을 바꿀 수 있다는 것을 인지한다면, 그 선택은 기필코 당신이 잘될 수밖에 없는 길로 인도할 것이다. 인지했다는 것은 곧 후회는 없을 것이기에 오늘에 충실하다면, 먼 미래에 걸어온 지금의 과정들이 아름다운 행복으로 가득 차 있겠지.

김진수, 「오늘에 충실하다면」, 동아일보, 2023년 7월 16일자

[예문 3]은 네 개의 단락으로 나눌 수 있다. 단락을 나누기로 수정한 글을 읽으면 단락 나누기가 안 된 글을 읽을 때보다 쉽게 읽히고 내용 파악이 쉽게 되는 것을 알 수 있다. 그리고 글의 주제도 곧바로 파악할 수 있다. 이 글의 주제는 '앞으로 일어날 일들은 지금 일어난 일에 의해 일어나기 때문에 오늘을 충실하자.'이다.

글쓰기 활동

Q 다음 주제 중 하나를 선택하여 한 단락의 글을 써 보자.

(1) 복권제도는 경제활동인가? 사행심을 조장하는 제도인가?

(2) 나는 기다린다.

(3) 최근 내 마음을 흔든 일

(4) 통일을 해야 하는 필연적인 이유는 무엇인가?

(5) 과연 모든 인간은 평등한가?

〈제목〉

Chapter **5**

글쓰기의 과정

글이란 처음-중간-끝의 과정을 거쳐 일관되고, 통일된 하나의 생각을 펼친 작업의 결과물이다. 글을 쓰는 목적을 달성하려면 먼저 무엇을 쓸 것인지, 어떻게 쓸 것인지, 글의 전체 짜임은 어떻게 할 것인지 등을 생각해야 한다.

글쓰기 절차는 대체로 '주제 및 소재 설정 → 주제와 관련된 자료 수집 및 정리 → 개요작성 → 집필 → 점검 및 수정'의 순서로 나눌 수 있다. 이러한 글쓰기의 절차를 거치면 글의 취지와 목적에 맞게 쓸 수 있다. 특히, 글쓰기 경험이 많지 않으면 글을 쓰기 전에 이 절차를 수행하고 글을 쓰면 좋다.

1. 주제 및 소재 설정

주제란 글쓴이가 글에서 드러내고자 하는 중심 생각이다. 그러므로 글쓰기에서 먼저 해야 할 일은 명확한 주제를 선정해야 한다. 좋은 주제란 글쓴이가 관심이 가는 주제다. 주제와 관련된 필요한 자료를 수집하고 그것을 읽고 이해해서 전체 글의 짜임을 구성하려면 무엇보다 주제에 관심이 있어야 좋은 글을 쓸 수 있기 때문이다. 그리고 글쓴이의 능력에 맞는 주제여야 하고 독자의 관심과 흥미를 불러일으킬 수 있어야 한다.

주제문은 글쓴이의 견해를 압축해서 보여준다. 주제문을 읽고 독자는 글이 주장하는 내용을 예상하게 해 준다. 그러므로 주제문을 만들 때는 다음과 같은 점을 유의해야 한다.

① 완결된 한 개의 문장이어야 한다.

② 자신의 견해가 명확하게 드러나야 한다.

③ 표현이 정확하고 구체적이어야 한다.

④ 객관적이고 공정해야 한다.

만약에 주제문이 '인생의 의미는 무엇인가?'라는 의문문의 형식이라면 글쓴이의 견해가 무엇인지 알 수 없다. '세상에서 가장 아름다운 꽃은 장미이다.'처럼 주관적 판단은 객관성을 해치고 있다. '대한민국 국민은 한글을 사용해야 한다.' 경우는 모두가 인정하는 상식이므로 주제문으로 적합하지 않다.

글의 주제를 정할 때 처음에는 막연한 과제에서 시작해서 구체적 주제로 좁혀나간다. 글제가 주어지면 생각을 해서 쓸 거리를 찾아내야 한다. 머릿속에 떠오르는 생각들을 자유롭게 풀어내어 정리해서 주제에 맞게 구조화하는 작업에는 여러 방법이 있다.

1) 막연한 글제에서 구체적 주제 찾기

글제 : 인생

(1) 제한 연상

글제 '인생' 하면 떠오르는 단어를 쓴다. 이때 글제를 듣고 머릿속에 떠오르는 단어를 3분 동안 쓰게 한다.

'인생'하면 떠오르는 것들

떠오르는 단어 중 가장 자신 있고 흥미로운 소주제를 선택한다.

(2) 다른 사물 특징과 개념으로 연상

선택한 단어를 유추하거나 비유를 통해서 다른 사물과 개념으로 작성해 본다.

【사랑】

사랑은 쓴 소주
사랑은 뜨거운 여름날의 태양
사랑은 빠져나오기 힘든 미로
사랑은 독이 든 성배

'인생'을 다른 사물 특징과 개념으로 표현하기

(3) 하나의 행위를 인과적인 유추로 연상

주제 찾기 마지막 단계로 생각이나 행위에 내재되어 있는 다양한 상황을 인과적인 방법으로 유추하는 것이다.

【예시】

강물에 쓰레기를 버린다 → 강물이 더러워진다 → 강물에서 악취가 난다 → 인근 주민들이 고통받는다 → 쓰레기 버린 범인을 찾기 위해 서로 의심한다 → 주민들 사이가 날카로워진다 → 강물의 악취는 점점 더 심해져 간다 → 공청회가 열린다 → 강가 쓰레기 줍기 캠페인이 시행된다 → 강물이 깨끗해지기 시작했다 → 환경보호의 필요성을 느낀다

'수업에 참여하지 않기'를 연상하여 보기와 같이 써 보자.

2. 주제와 관련된 자료 수집 및 정리

1) 마인드맵(Mind mapping)

주제와 관련된 자료를 수집하고 정리를 할 때 마인드맵이 유용하다. 마인드맵은 이미지와 핵심어, 그리고 색과 부호를 사용하여 좌뇌와 우뇌의 기능을 유기적으로 연결함으로써 두뇌의 기능을 최대한 발휘할 수 있다. 마인드맵은 글의 주제와 관련하여 자유롭게 연상하고, 연상되는 의미를 놓치지 않고 나열하도록 한다. 사고의 과정에서 사고의 한계를 정하지 않고, 아이디어를 가능한 한 많이 산출하도록 하며, 아이디어 간의 연관성을 발견하여 글의 전체적인 구도를 잡아준다. 또한, 마인드맵은 글 전체의 구성을 한 눈에 볼 수 있기 때문에 글을 통일성 있고 일관성 있게 체계화하고 배열하기가 쉽다. 마인드맵은 글을 쓰기 전에 글제에 대한 쓸거리나 소재를 도출하기 위하여 사고력을 촉진하여 아이디어 생성, 확장·정리할 수 있도록 이끌어 준다.

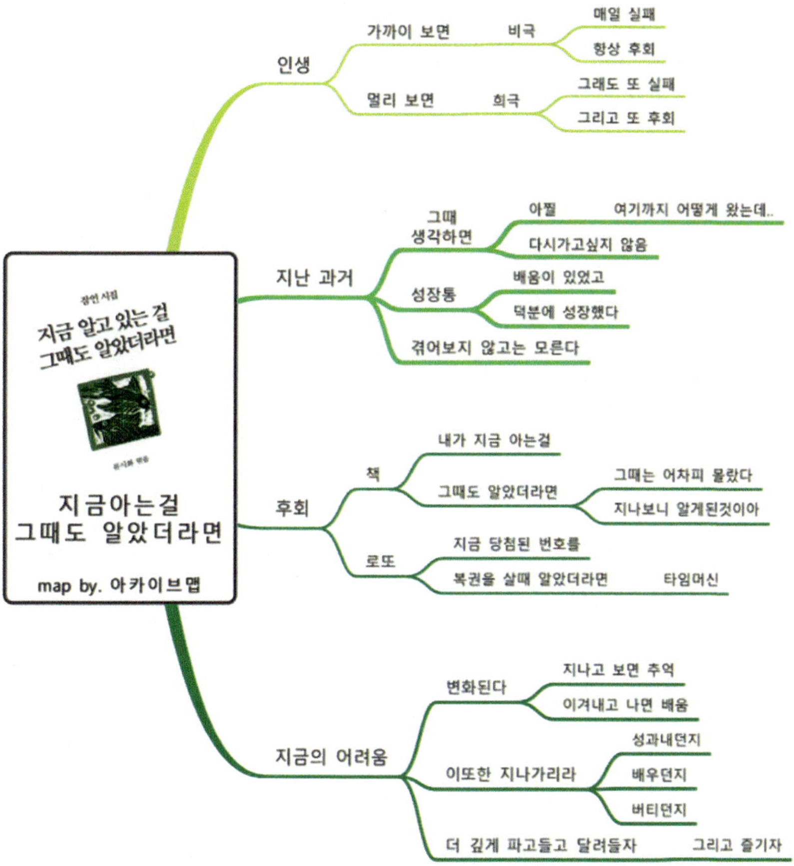

출처: https://blog.naver.com/wizsuni/222292458633

2) 문헌 자료

문헌 자료는 학문적으로 공인된 자료여서 전문성, 객관성, 논리성을 갖는다. 문헌 자료에는 학술 논문(소논문), 학위논문, 단행본을 말한다. 이들 자료는 각 대학 도서관이나 국립중앙도서관 등에서 열람, 대출, 다운로드를 할 수 있다. 특히 각 도서관에서 운영하는 전자도서관을 이용하면 직접 가지 않고도 자료를 쉽게 찾을 수 있다. 대표적 문헌 자료 검색 사이트는 다음과 같다.

【학술 자료 검색 사이트】

국립중앙도서관(http://ww.nl.go.kr)
국회도서관(http://www.nanet.go.kr)
각 대학교 도서관(예: 서울대학교, https://www.snu.ac.kr)
국가전자도서관(http://dlibrary.go.kr)
한국학술정보(KISS, http://kiss.kstudy.com)
학술연구정보서비스(RISS, http://www.riss.kr)

각 사이트에 들어가서 문헌 자료를 검색할 때는 핵심어(Keaword)를 정해서 하면 된다. 예를 들어 학술연구정보서비스(RISS, http://www.riss.kr)에서 '인생'이라는 핵심어로 검색하면 관련 자료의 목록이 나온다.

검색키워드 인생 (검색결과 120,697 건)
국내학술논문 9,110
무료 기관 내 무료 유료
KCI등재
전목의 인생과 생명의 통일적 개념에 관한 고찰 : 『인생십론』을 중심으로
심창애 (Chang Ae Shim) | 東洋哲學研究會 | 2005 | 東洋哲學研究 | Vol.44 No.-
원문보기
인생과 종교 : 인생에 대하야
김제주 | 금강산사 | 1935 | 金剛山 | Vol.- No.9
원문보기
KCI등재
宗白華的美學實踐和人生觀
趙正來(Jo Jeong-rae) | 중국문화연구학회 | 2004 | 중국문화연구 | Vol.0 No.5
원문보기
구독기관에 따라 유료논문이 존재할 수 있습니다.
학위논문 9,430
기혼여성의 인생태도와 삶의 만족도의 관계 : 사회적 지지의 매개효과
이은화 | 호남대학교 사회융합대학원 | 2017 | 국내석사
원문보기 목차검색조회 음성듣기
제2인생설계 과정에 참여한 은퇴자의 학습경험 연구 : '뭐라도학교' 사례를 중심...
신성철 | 아주대학교 | 2015 | 국내석사
원문보기 목차검색조회 음성듣기
인생사건이 비행시작에 미치는 영향 : 보호요인 및 위험요인의 조절효과를 중심...
정혜원 | 고려대학교 대학원 | 2009 | 국내박사
원문보기 목차검색조회 음성듣기
해외학술논문 205
人生·情感·如风儿云儿一般——看日本电视剧有感
中國電視藝術委員會 | 1989 | 中國電視 | Vol.1989 No.1
복사/대출신청
人生·情思·詩境——析李煜《相見歡》
仲紅衛 | 中華書局 | 2010 | 文史知識 | Vol.- No.347
복사/대출신청
人生
詩刊社 | 1987 | 詩刊 | Vol.- No.10
복사/대출신청
학술지 8
人生
人生雜誌社
복사/대출신청
人生創造
人生創造社
복사/대출신청
健康と人生
복사/대출신청
단행본 100,624
인생코치, 예수
Jones, Laurie Beth | 규장 | 2004
복사/대출신청 목차보기
인생의 고난 앞에 흔들리는 당신에게
김옥림 | 창작시대사 | 2020
복사/대출신청 목차보기
인생이 아프다 : 성성모 첫 번째 시집
성성모 | 대양미디어 | 2021
복사/대출신청 목차보기
연구보고서 1,229
베이비붐 세대 제2인생설계 구축 방안
손유미 | 한국직업능력개발원 | 2011 | 국가정책연구포털(NKIS)
원문보기
성인초기 이후 발달과업과 교육활동에 관한 노인의 인생회고
유기웅 | NRF KRM(Korean Research Memory) | 2013 | 한국연구재단(NRF)
원문보기
원문보기
유호진 | NRF KRM(Korean Research Memory) | 2012 | 한국연구재단(NRF)
원문보기

'인생'이란 핵심어로 자료를 검색한 결과 엄청난 문헌 자료들이 나온다. 이때는 핵심어를 몇 개 더 추가해서 자료를 찾으면 된다. 제목만으로 주제와 관련성을 알 수 없을 때는 텍스트를 확인하고 자료로 활용할지 결정하면 된다.

3. 개요작성

주제에 대한 자료수집 및 정리가 끝나면 중심내용과 세부 내용의 흐름을 한눈에 보여주는 개요 작성을 한다. 개요작성은 설계도와 같은 구실을 한다. 머릿속에 구상하고 설계하는 내용을 도식화하여 작성하는 일은 글쓰기에서 필요한 과정이다. 설계가 잘 되면 좋은 집을 완성할 수 있듯이 글의 개요를 잘 짜면 좋은 글이 나올 가능성이 높아진다. 글을 쓰기 전에 개요 작성을 하는 이유는 다음과 같다.

① 글의 전개를 논리적으로 할 수 있다.
② 주제에서 벗어나는 일을 막아 준다.
③ 내용의 중복과 중요한 내용을 빠뜨리지 않게 한다.
④ 내용을 적절하게 배열할 수 있다.

개요의 형식은 크게 〈항목식 개요〉와 〈문장식 개요〉로 나눌 수 있다. 〈항목식 개요〉는 목차 형식에 가깝게 항목 위주로 간결하게 작성하는 것을 말한다. 〈항목식 개요〉를 좀 더 구체화하는 단계인 〈문장식 개요〉는 주제문이나 핵심적인 문장으로 작성하는 것을 말한다.

【항목식 개요】

주제 : 나의 건강

1. 서론 : 현재 내 건강
2. 내 건강을 해치는 요인
   1) 잘못된 식습관과 생활습관
   2) 운동 부족
3. 건강해지기 위한 나의 노력
   1) 저칼로리, 저염의 균형 잡힌 식단
   2) 평균 운동량 늘이기
4. 결론 : 건강 해치는 원인과 대책을 알아본 후의 느낌

【문장식 개요】

제목 : 나의 건강

주제문 : 나의 몸은 겉으로 건강해 보이지만 실상을 들여다보면 그렇지가 않다.

1. 서론 : 현재 내 건강 상태를 알아본다.
2. • 본론(1) 내 건강을 해치는 요인
   1) 나의 잘못된 식습관은 고칼로리, 고염식 식사이다.
   2) 나는 운동량이 적다.
   • 본론(2) 건강해지기 위한 나의 노력
   1) 저칼로리, 저염식의 균형 잡힌 식단으로 바꾼다.
   2) 헬스나 새벽 운동으로 평균 운동량을 늘인다.
3. 결론 : 내 건강을 해치는 원인과 대책을 알아 본 후의 느낌을 적어본다.

4. 점검 및 수정

글쓰기 과정의 마지막 단계는 점검 및 수정 즉, 퇴고다. 이 작업도 글쓰기의 한 과정이다. 좋은 글을 쓰고 싶다면 가장 고민해야 할 부분이 점검 및 수정이다. 글을 쓰다 보면 쓰기에만 몰입하기 때문이다. 그러므로 반드시 주제에 벗어난 내용과 비문, 맞춤법 등을 확인해서 수정해야 한다. 보통 오탈자를 고치는 단계를 '교정'이라고 하고, 문맥에 맞게 문장을 다듬는 단계를 '교열'이라고 한다. 퇴고는 문맥에 맞게 내용을 삭제하거나 첨가하고 그에 맞는 정확한 어휘를 선택하는 과정이다. 이 과정을 한 번에 끝내지 말고 시간을 두고 반복하면 완결성이 높은 글이 된다.

다음의 원칙을 지켜서 수정을 하면 좋다.

① 부가의 원칙 : 부족하거나 빠진 부분은 보충하거나 첨가한다.

② 삭제의 원칙 : 불필요하거나 지나치게 장황하게 쓴 부분을 삭제하여 표현을 간결하게 한다.

③ 재구성의 원칙 : 중심문장과 뒷받침 문장의 내용이 맞지 않은 단락 등을 주제가 통일되게 배열한다.

글쓰기 활동

Q 다산 정약용은 「애절양」[2] 시를 통해 백성들의 고통스러운 삶을 표현하였다. 이 시를 읽고 주제정하기-자료수집(배경지식)-개요 작성-글쓰기 순서로 진행해서 완성하세요. 특히, 조선 후기 백성들의 고달픈 삶이 포함되어야 합니다.

> 갈밭머리(출입이 잦은 입구 쪽) 젊은 아낙 서럽게 우는 소리
> 관문(官門) 향해 통곡하다 하늘 보고 울부짖네.
> 출정 나간 지아비 못 돌아오는 일이야 있을 법하지만
> 예로부터 사내가 제 양물(陽物) 잘랐다는 소리 듣지 못했네.
> 시아버지 3년 상 벌써 지났고 갓난아이 배냇물도 안 말랐는데
> 3대의 이름이 모두 다 군적(군인의 소속과 신원을 적어 놓은 명부)에 실렸구나.
> 억울한 사정 가서 호소하려도 범 같은 문지기 지켜 섰는데
> 이정(관리)은 으르렁대며 외양간 소마저 끌고 갔다오.
> 칼 갈아 방으로 들어가더니 선혈이 자리에 흥건히
> 스스로 한탄하며, "바로 자식 낳은 죄로다!" 부르짖네.

---

2) 정약용, 『여유당전서』 詩文集 권4, 「애절양」, * 7언 20구 140자.

잠실궁형(생식기를 거세한 사람들 회복실)이 어찌 꼭 죄가 있어서인고?
민(오랑캐) 땅의 어린애 거세 풍속 참으로 슬픈 일이었네.
만물이 낳고 살아가는 이치 하늘이 내려주셨으니
음(陰)과 양(陽)이 어울려서 아들이요 딸이로세.
말이나 돼지 불까는 일도 슬프다 이르겠거늘
하물며 우리 인간 대 물리는 일 얼마나 소중하냐?
부잣집은 1년 내내 풍악 울리고 홍청망청
한 톨 쌀과 한 치 베도 바치는 일 없거니.
다 같은 백성인데 어찌 이처럼 불공평한지
객창(유배지에서 읊다)에서 시구편(鳲鳩篇)을 거듭 외우노.

* 시시구편(鳲鳩篇)이란 왕이 백성을 골고루 사랑해야 된다는 뜻을 뻐꾸기와 비둘기에 비유해서 읊은 시경(詩經, 공자에 의해 편찬된 305편의 시모음)의 편명이다. 현실의 부조리를 기술한 후에 이에 있어야 할 당위, 곧 왕이 백성을 골고루 사랑하고 주인으로 여기는 정치와 세상을 바라고 있다.

「애절양」 시의 전문이다. 다산은 이 시를 쓴 동기에 대해 다음과 같이 말했다.

이것은 가경(嘉慶) 계해년(癸亥年; 1803) 가을에 내가 강진(康津)에 있으면서 지은 것이다. 그때 노전(蘆田) 마을에 사는 백성이 아이를 낳은 지 사흘 만에 군보(軍保)에 편입되고, 이정(里正)이 소마저 빼앗아 가니, 그 백성이 칼을 뽑아 양경(陽莖)을 스스로 베면서 말하였다. "내가 이것 때문에 이러한 곤액(困厄)을 당한다." 그 아내가 양경을 가지고 관청에 나아가니 아직도 피가 뚝뚝 떨어지는데, 울기도 하고 하소연도 하였으나 문지기가 막아 버렸다. 내가 듣고 이 시를 지었다.[3)]

3) 정약용, 『여유당전서』 정법집 권23, 『목민심서』 권8.

Chapter **6**

글쓰기 실제

1. 제목 달기

제목은 글쓰기의 핵심적인 부분으로서, 독자의 관심을 끌고 글의 내용을 요약하며, 글의 목적을 강조하는 역할을 한다. 따라서 제목을 잘 작성하는 것은 효과적인 글쓰기의 첫 단추라고 할 수 있다. 좋은 제목을 작성하는 것은 글의 성공에 매우 중요하다. 간결하고 명확한 제목을 사용하여 독자의 관심을 끌고, 효과적으로 정보를 전달할 수 있도록 노력해야 한다.

1) 제목의 기능

① 글의 주제를 요약하고 소개하는 역할을 한다. 독자는 책을 읽기 전 제목을 통해서 해당 글이 무엇에 관한 것인지 빠르게 파악할 수 있다.

② 잘 구성된 제목은 독자의 주의를 끌고 흥미를 유발할 수 있다. 매력적이고 독창적인 제목은 글을 읽을 동기를 부여한다.

③ 글이 어떤 유형의 정보를 담고 있는지 암시한다. 독자는 제목을 보고 글을 선택하거나 우선 순위를 정할 수 있다.

④ 인상적이고 기억에 남는 제목은 독자들이 글을 다시 찾거나 다른 사람들과 공유할 때 도움이 된다.

2) 제목을 정할 때 유의할 점

① 간결하고 명확해야 한다. 읽는 이들이 쉽게 이해하고 무

엇을 기대할지 파악할 수 있도록 해야 한다. 제목 글자 수는 10자를 넘기지 않도록 하자.

② 내용의 핵심 주제를 잘 반영해야 한다. 제목만으로도 어떤 내용인지 대략적으로 짐작할 수 있도록 해야 한다.

③ 가능하면 다른 글과 구분되는 독창적인 제목을 선택하는 것이 좋다. 일반적인 제목보다는 특이하거나 흥미로운 제목이 독자들의 호기심을 자극한다.

④ 오타나 문법적 오류가 없도록 꼼꼼히 확인한다. 올바른 문법과 맞춤법은 글의 전문성을 높이는데 도움이 된다.

⑤ 반드시 글의 내용과 일치해야 한다. 내용과 맞지 않는 과장된 제목은 독자들의 신뢰를 잃을 수 있다.

⑥ 과장된 어조를 사용하는 것은 흥미를 끌 수는 있지만 실망감을 유발할 수도 있다. 현실적이고 정확한 내용을 제공하는 제목을 선호하는 것이 좋다.

⑦ 가능하면 제목에 동사를 사용하여 더욱 활발하고 행동적인 느낌을 주는 것이 좋다.

⑧ 글의 주 독자를 고려하여 제목을 선택한다. 해당 독자들이 관심을 가질만한 주제와 스타일을 고려한다.

⑨ 가능하다면 여러 제목 후보를 만들고 친구나 동료들에게 의견을 구해보는 것이 좋다. 다른 사람들의 피드백은 유용한 아이디어를 제공해줄 수 있다.

2. 서론 쓰기

서론은 글의 흐름을 결정짓는 중요한 부분이다. 독자들의 관심을 끌고 이해를 돕는 목적을 명확히 하고, 간결하고 효과적인 표현을 사용하여 시작하는 것이 좋다.

1) 서론 쓰는 유형

(1) 주제와 관련된 흥미로운 질문을 던지면서 시작하는 경우

【예문】

우리나라 사람들이 가장 많이 사용하는 단어는 무엇일까? 이 흥미로운 질문의 해답을 찾는 과정은 여간 힘든 일이 아닐 것이다. 책이나 신문, 잡지 등에 실린 글들을 컴퓨터로 데이터베이스화한 후 단어의 출연 빈도수를 세야하기 때문이다.

정재승, 『과학콘서트』, '지프의 법칙' 중에서

(2) 짧은 에피소드나 관련 있는 일을 제시하며 시작하는 경우

【예문】

3년 전 결혼한 김지영 씨는 올해 명절에도 부산 시댁에 내려

간다. 음식은 많이 하지 말라는 남편의 성화에 시어머니 얼굴에 서운한 기색이 스친다. “자기 가족 먹이려고 음식 하는 게 뭐가 고생이야. (며느리를 돌아보며) 얘 너 힘들었니?” 그 순간 지영 씨가 갑자기 친정엄마로 빙의한다. “아이고 사부인, 사실 우리 지영이 명절마다 몸살이어요. 사돈어른, 한 말씀 올릴게요. 그 집만 가족인가요? 저희도 가족이에요. 그 댁 따님이 집에 오면, 저희 딸은 저희 집으로 보내주셔야죠.” 조남주 소설 ‘82년생 김지영’의 첫 장면이지만 뜨끔한 사람이 많을 것이다.

정성희, 「‘인구절벽 원년’에 쓰러진 워킹맘 공무원」, 동아일보, 2017년 2월 2일자

(3) 주제와 관련된 흥미로운 통계 또는 연구 결과로 시작하는 경우

【예문】

직장인 10명 중 3명은 본인을 ‘꼰대라고 생각한다’는 조사결과가 나왔다. 온라인 조사 전문기관 피앰아이가 전국 만 20세~69세 남녀 3,000명을 대상으로 직장 내 세대 간 인식 차이에 대해 조사를 진행한 결과, 전체 응답자 중 27.9%가 스스로를 꼰대라고 생각한다고 답했다. 10명 중 3명은 본인을 꼰대라고 생각하는 것이다. 세대별로 세분화해 확인해본 결과 스스로 꼰대라고 생각하는 비율은 ▲베이비부머 세대 26.6%, ▲X세대 26.7%, ▲밀레니얼 세대 31.6%, ▲Z세대 18.6%로 나타났다. 기성세대인

베이비부머 세대가 스스로 꼰대라고 생각하는 비율은 Z세대에 비해 8%p 높은 것으로 확인됐다. 직장 내에서 꼰대처럼 보일까 봐 말이나 행동을 조심하는 편인지도 물었다. 베이비부머 세대의 경우 응답자의 절반 이상인 53.5%가 말과 행동을 조심한다고 답했으며, 이는 다른 세대에 비해 높은 비율인 것으로 확인됐다. 이어 ▲X세대 46.3%, ▲밀레니얼 세대 43.3%, ▲Z세대 45.1%가 말과 행동을 조심한다고 답했다.

뉴시스, 「직장인 10명 중 3명 "저 꼰대 맞아요"」,
동아일보, 2023년 7월 20일자

(4) 문제를 제기하며 시작하는 경우

【예문】

일본인들은 야스쿠니 신사가 '단순한 종교시설'이라고 주장하지만, 그 안에 안치되어 있는 사망자들의 신원으로 보나, 야스쿠니 신사는 결코 단순한 곳이 아니며 또 그저 종교시설로만 볼 수도 없는 곳이다.

(중략)

또 야스쿠니 신사에 안치되어 있는 위패의 면면들을 보면 이곳이 단순한 종교시설이 아님을 알 수 있게 된다. 야스쿠니 신사에는 그 유명한 가미가제 특공대원의 동상이 있다. 그리고 1978년부터는 도조 히데키 등 제2차 대전 A급 전범 14명의 위패까지 안치되고 있다. 이러한 점들을 본다면 야스쿠니 신사는 단순한 종교시설이 아니라, 사실은 제2차 대전 전몰자들을 위한 추모시설임을 알 수 있을 것이다.

김종서, 「야스쿠니 참배가 내정간섭이라구?」,
오마이뉴스, 2004년 11월 29일자

(5) 숙어, 속담, 명언 등으로 시작하는 경우

【예문】

'샴페인을 너무 일찍 터뜨렸다.' 1988년 서울올림픽을 치른 이후 과소비로 홍청거리던 우리 사회를 보고 외국 언론이 아프게 꼬집은 말이다. 샴페인은 톡 쏘는 탄산 성분으로 맛도 일품이지만, 뚜껑을 열었을 때 '뻥' 하는 소리와 함께 세차게 솟구치는 거품으로 축하주로 안성맞춤이다.

그때만 해도 한국 경제는 순항했다. 1995년에 세계무역기구(WTO)에 가입했으며, 1996년에 세계에서 29번째로 경제협력개발기구(OECD) 회원국으로 합류했다. 특히 OECD 가입은 모두에게 꿈에 그리던 선진국에 진입했다는 환상마저 심어줬다. 홍콩, 싱가포르, 타이완 등과 함께 '아시아의 네 마리 용'이란 수식어도 붙었다.

하지만 1997년 말로 접어들자, 상황이 돌변했다. 국제통화기금(IMF) 외환위기로 누구는 실업자가 되고, 또 누구는 노숙자로 전락했다. 이때 다시 샴페인을 너무 일찍 터뜨린 탓이라는 말이 회자했다.

고동수, 「샴페인은 남아있나」, 제주일보, 2019년 10월 29일자

(6) 개념을 정의하면서 시작하는 경우

【예문】

'새야 새야 파랑새야'는 1894년 일어난 동학농민전쟁의 지도자인 전봉준을 기리는 구전민요다. 아리랑처럼 대개의 민요가 여러 사람의 입에서 입으로 전해지면서 조금씩 그 모습을 바꾸었듯이 '새야 새야 파랑새야'도 다양한 가사가 전해지고 있다.

가사의 해석을 놓고도 이견이 많은데 가장 큰 쟁점은 '파랑새'를 누구로 볼 것인가 하는 것이다. 일반적으로 파랑새는 희망의 이미지가 있기 때문에 전봉준을 가리킨다고 보는 사람들이 많다.

이영훈, 『유행가는 역사다』, '우금치에 살아 숨 쉬는 녹두장군의 얼' 중에서

3. 본론 쓰기

서론의 완결성이 높더라도 본문이 이를 뒷받침해 주지 못하면 좋은 글이 아니다. 글의 가치는 본론의 완성도가 결정하기 때문이다. 한 편의 글에서 가장 중심 내용을 적는 핵심 부분이 본론이다. 서론에서 제기한 내용을 본문에서 본격적으로 서술한다. 본문을 쓸 때는 다음과 같이 유의해야 한다.

(1) 개요를 준수하며 단락이 전개되어야 한다.

본론 부분이 3~5개의 단락으로 이루어진다면 각각의 단락이

주제를 중심으로 통일성 있게 연결성을 가져 결론에 이를 수 있도록 배열해야 한다. 각 단락의 길이도 일정하게 해서 균형을 유지해서 주제가 선명하게 드러나도록 한다. 주제는 각 단락의 소주제에 의해 구체화되기 때문이다.

(2) 각 단락의 내용을 주제의 범위 안에 서술해야 한다.

서론에서 제시한 주제의 범위 안에서 자료들을 활용하여 각 단락을 설정해야 한다. 각 단락은 소주제에 맞추어 이유, 원인, 사실, 예시, 예증 등의 서술 방식으로 주제를 뒷받침해야 한다. 한 단락에 두 가지 소주제문이 나온 글은 잘 쓴 단락이라 할 수 없다.

(3) 접속사나 지시어의 사용을 최대한 줄여야 한다.

접속사와 지시어는 문장과 문장, 문단과 문단 사이를 자연스럽게 연결시키고, 통합성을 높여 주는 연결어이다. 적절한 접속어는 글의 흐름을 원활하게 해 주며 지시어는 글을 간결하게 해 준다. 그러나 접속사가 빈번하면 글은 다양한 구조를 가지게 되어서 복잡해질 수 있다.

4. 결론 쓰기

결론은 서론에서 제기하여 본론에서 서술한 내용을 마지막으로 점검하고 종합하며 정리하는 부분이다. 결론은 어떻게 마무리하느냐에 따라 글의 가치도 달라진다. 결론은 대체로 내용을 요약하거나 결론을 내리면서 마무리한다. 반면에 명령, 청유나 결론을 생략하며 여운을 남기며 끝을 맺기도 한다.

(1) 내용 요약하며 정리하기

본론의 중심내용을 정리하여 요약하며 마무리하는 방법이다. 이때 본론의 내용을 단순히 그대로 서술하면 안 된다. 본론의 내용 중 글쓴이의 관점이나 주장을 종합적으로 정리하여 결론을 내린다.

【예문】

한-아세안 자유무역협정(FTA)이 발효된 지 10년이 지났는데도 한국 수출기업들의 FTA활용률이 52.3%에 불과하다는 무역협회의 분석은 제도가 기업 활동을 제대로 뒷받침하지 못하고 있다는 의미다. 기업들은 생소한 외국에서 세금과 운송, 원산지 증명 등 행정적인 문제와 정보 부족으로 애로를 겪고 있다. 정부가 현장의 목소리에 적절히 대응해야 모처럼 불고 있는 수출 호조세를 계속 이어나갈 수 있다.

사설, 「동남아 인도시장 더 넓혀 중국發 경제리스크 줄여야」, 동아일보, 2017년 10월 2일자

(2) 중심 내용 강조하기

본론에서 논의된 내용을 마무리 부분에서 다시 한 번 강조함

으로써 글쓴이의 주장을 분명히 독자에게 전달할 수 있다. 특히 본론에서 글쓴이의 입장이 정리되지 않았을 때 쓰면 강조의 효과를 거둘 수 있다.

【예문】

남북통일 이전에, '우리 안의 통일'도 중요하다. 대체로 흡수통일을 주장하는 사람들은 우리 안에서 차별과 혐오를 조장한다. 민주주의와 거리가 멀다. 상대를 인정하고, 제도 안에서 경쟁하며, 견제와 균형의 원리가 작동하는 민주주의가 살아야, 흡수통일론이 강조하는 '결과로서의 통일'이 아니라, '과정으로서의 통일'이 흔들리지 않고 전진할 수 있다. 통일은 도둑처럼 오지 않는다. 농부의 마음으로 땀을 흘려야 풍성한 수확을 기대할 수 있다. 지금 필요한 것은 미래의 환상이 아니라, 남북관계의 현실을 극복하는 지혜다.

김연철, 「통일은 도둑처럼 오지 않는다」,
한겨레신문, 2023년 2월 20일자

(3) 제안 또는 전망하며 끝내기

이 방법은 주장한 내용을 바탕으로 문제 해결을 위한 제언을 하거나 전망함으로써 독자의 의식 변화를 이끌어 낼 수 있다. 이때 주의할 점은 본문에서 논의한 논점을 벗어나는 일이 없도록 해야 한다.

【예문】

수족관에서 새로운 개체를 번식하는 것은 앞으로는 금지될 전망이다. 지난해 동물원 및 수족관의 관리에 관한 법률(동물원수족관법)이 개정되며 고래 신규 도입뿐 아니라 번식 개체의 보유까지 금지했기 때문이다. 지난 2018년 잔인하게 포획된 국제적 멸종위기종의 거래가 금지되며 사실상 국내 수족관에 큰돌고래 등이 수입되는 것은 중단됐지만, 이미 사육 중인 돌고래들의 번식을 막는 조항은 관련 법률에 빠져 한계로 지적됐는데 이 점이 보완된 것이다. 개정법의 시행은 올해 12월부터다.

김지숙·남종영, 「'돌고래 무덤' 거제씨월드, 11번째 죽음 나왔다」,
한겨레신문, 2023년 7월 20일자

글쓰기 활동

Q 다음 중 하나를 골라 제목-개요작성-글쓰기(서론, 본론, 결론)-퇴고 과정으로 작성하시오.

(1) 인간의 본성은 선한가, 아니면 악한가?

(2) 용서는 나의 삶에 어떠한 영향을 미치는가?

(3) 과학의 발달은 인류의 번영을 의미하는가?

(4) 여성다움, 남성다움의 기준은 무엇인가?

Chapter 7

윤리적 글쓰기

윤리란 사람으로서 마땅히 행하거나 지켜야 할 도리를 말한다. 우리는 다른 사람들과 함께 살아가는 사회적 존재이다. 함께 사는 사회에서 다른 사람 또는 집단에게 개인적 이득을 위해 해를 가하는 행동을 규제하는데 윤리는 필요하다. 글쓰기에도 지켜야 할 윤리가 있다. 글쓰기 윤리란 글을 쓸 때 사람으로서 마땅히 행하거나 지켜야 할 도리를 말한다. 우리는 글쓰기를 통해서 의견이나 생각을 교환하는 상호작용을 한다. 만약에 글쓰기 윤리를 지키지 않는다면 신뢰가 무너져 건강한 의사소통을 할 수 없다. 그러므로 글을 쓸 때 자신의 글에 책임감을 가지고 다른 사람의 지적 권리를 존중하는 태도를 가져야 한다.

1. 표절의 문제

표절은 剽(겁박할 표)자에 竊(훔칠 절)자를 쓴다. 원래 한문에서 '노략질하다', '도둑질하다'라는 뜻을 가지는 단어로 쓰였다. 타인의 아이디어, 과정(방법), 결과물, 문장 등을 적절한 인용이나 승인 없이 도용하는 행위를 표절이라고 한다. 다시 말해서 표절은 남의 지식을 훔치는 행위와 같다.

1) 표절

① 시나 글, 노래 따위를 지을 때 남의 작품의 일부를 몰래 따다 쓰는 경우

② 다른 사람의 아이디어나 글을 이용할 때 정확한 인용 표

시와 출처 표시가 없는 경우

③ 다른 사람의 글을 '그대로' 옮기지 않고 서술 방식을 달리 하든가 문장의 일부 단어를 첨삭하거나 동의어로 대체하는 등 새롭게 기술할 경우라도 적절한 인용 표시와 출처 표시가 없는 경우

④ 자신이 전에 발표한 글의 일부를 인용 및 출처 표시 없이 새로운 글에 다시 사용하는 경우(자기표절)

⑤ 여섯 단어 이상 무단 인용의 경우

한국학술단체총연합회 연구윤리지침에서는 표절을 의도적이든 비의도적이든 일반적 지식이 아닌 타인의 아이디어나 저작물을 적절한 표시 없이 본인 것처럼 부당하게 사용하는 학문적 부정행위로 규정하고 있다. 그러나 현재 대학 내 글쓰기 윤리의 현주소를 살펴보면 표절 문제가 심각하다. 2008년도 가톨릭대학교에서 시행한 설문 조사에 따르면 자료의 무단 사용이 68.5%, 검색한 자료의 짜깁기가 57.5%, 인용의 부정확한 사용이 56%, 과제물 제출 시 실험보고서 베끼기가 22%, 실험 데이터의 날조 및 변조 20%로 나타났다.

2) 자료 조작·왜곡의 문제

실험 보고서나 조사 보고서 등을 작성할 때 과정이나 결과를 조작하거나 왜곡하는 행위가 심각하다. 조작은 연구자 개인의 윤리 문제에서 그치지 않고 공공의 이익까지 위협한다.

대학의 조사위원회 분석 결과 14편 논문 전부 위조 또는 변조를 포함해 의도적으로 연구결과를 조작한 것으로 드러났다. 모든 논문의 최종 편집자인 교수 K는 연구결과의 조작을 주도했고, 같은 이미지를 재사용하거나 데이터를 조작했다. 그뿐 아니라 예비조사와 본 조사 과정에서 조사를 방해하는 행위까지 하여 연구부정행위의 하나인 조사방해 행위도 저질렀다. 자신이 저지른 위조와 변조를 특정인에게 전가하거나 변조한 소명자료를 제출해 조사위원회의 활동을 의도적으로 방해했다. 논문 14편 중 11편은 연구비를 지원받은 것이었다. 이에 연구비 지원기관은 인건비를 제외한 연구비를 환수 조치했다.

한국연구재단, 『국내 · 외 연구부정행위 - 판정 사례집』 중에서.

3) 과제물 사고팔기의 문제

현재 포털에는 대학 과제물을 서로 사고 팔 수 있는 사이트들이 버젓이 광고를 하며 성행하고 있다. 이는 대학생들의 '리포트 베끼기' 문화가 만연하다는 것을 단적으로 보여주고 있다. 과제물을 사고파는 행위는 지적 사기 행위이다. 외국 대학의 경우 다른 사람이 대신 써 준 과제를 제출한 것이 밝혀졌을 때 퇴학 처분을 받기까지 한다. 과제물 대행도 엄연히 표절이다.

4) 공동 과제에서 발생하는 윤리 문제

대학 수업에서 조별 활동을 통한 발표나 과제가 늘어나면서 이와 관련한 학생들 간의 갈등이나 문제 사례가 급증하고 있는 추세이다. 특히 조사·연구해서 작성하는 보고서나 논문에 기여하지 않고도 결과물에 자신의 이름을 올리는 무임승차 때문에 학생들 간 갈등이 일어나는 경우가 많다.

2. 표절의 유형과 예방법

1) 원전 표절

다른 작품을 그대로 복사하여 자신의 작품으로 가장하는 경우이다. 전체 문장, 단락, 그림 등을 그대로 복사하거나 인용부호 없이 사용하는 것이 포함된다.

연구 윤리를 준수하여 저자는 인용하는 글과 본인의 글을 분명히 구분하고 형식에 맞추어 인용을 명확히 한다.

(1) 원전을 직접 인용하거나 특정인의 말 또는 표현을 그대로 인용할 때에는 반드시 본문 주에 큰따옴표(" ")를 사용해서 인용한다.

"누구나 아름다움을 보고 또 인정하지만, 무엇이 왜 아름다운지 원인을 찾으려는 헛된 노력 탓에 저 꽃송이에 대한 탐구는 거의 포기 된다." 영국의 화가 월리엄 호가스가 1753년에 한 말이다. 예술 작품에 대한 경험의 본질을 설명하기가 얼마나 어려운지를 이야기하는 것이다.

몇 세기 동안 미는 특정한 예술 작품이 갖춘 추상적이면서도 사실적인 특징으로 믿어져 왔다. 그러다 1757년에 스코틀랜드의 철학자 데이비드 흄이 다음과 같이 반대 의견을 제시했다. "아름다움은 그 자체로 사물의 특성이 아니다. 그것에 대해 생각하는 사람의 마음에 존재할 뿐이다." 오늘날 이러한 관점이 넓게 퍼져 있기는 하지만 모든 사람의 견해가 똑같이 중요한 것은 아니다.

이언 크로프턴, 『한 장의 절대 지식』 중에서

(2) 생략한 부분으로 인해 인용문의 의미가 바뀌어서는 안 되고, 어느 부분을 생략했는지 줄임표(……)를 사용해서 나타내어야 한다.

(3) 인용문의 의미를 명확하게 밝히기 위해 원전에 인용자가 한두 단어를 덧붙일 때는 브래킷([ ])을 사용하여 그것이 덧붙인 것임을 밝혀야 한다.

2) 발상 또는 생각의 표절

저자는 자신의 글이 빚지고 있는 다른 사람의 공로에 고마움을 표시하고 그 생각과 발상의 출처를 분명히 밝혀야 한다.

(1) 책의 경우, '서문'이나 '감사의 글'에서 다른 사람의 공로를 밝힌다.

> 이 책이 나오기까지 많은 사람들의 도움을 받았다. 책을 쓰는 과저에 있어서 많은 조언과 격려를 해준 동아일보·채널A 선후배 여러분께 진심으로 고마움을 전한다. 대한민국 정부 사진집에 실린 사진 사용을 허락해준 문화관광부에도 감사의 말씀을 드린다.
>
> 이영훈, 『유행가는 역사다』, '책을 펴내면서' 중에서

(2) 논문의 경우 각주를 통해 다른 사람의 공로를 밝힐 수 있다.

3) 부적절한 바꿔 쓰기를 통한 표절

간접 인용으로서 원전의 글을 그대로 인용하지 않고 원전의 의미를 살리되 자기 나름의 표현으로 다시 쓰는 것도 표절이다.

> 다른 사람의 글을 바꿔 쓰기 할 때에도 그 출처를 분명히 밝혀야 한다.

이 시기 〔1930년대〕 사람들은 '사랑의 모든 수단과 양식은 단성사, 조선 극장의 스크린에서 취했다'고 말할 정도였으며 '성에 눈 뜬 처녀들이 변사들의 달콤한 해설과 스크린에 빗기우는 사람의 실연을 보고' 배웠다.

이성구, 『별건곤』, 「경성의 짜스(재즈)」 중에서.

4) 요약을 통한 표절

본인의 표현을 사용하여 상당한 분량의 글을 짤막한 문단이나 하나의 문장으로 줄이는 것도 출처를 밝히지 않으면 표절이다.

다른 사람의 글을 요약할 때에도 그 출처를 분명히 밝혀야 한다.

김열규(『한국인의 신명』, 주류, 1982.)는 주로 무속제의, 즉 굿의 현장에서 신명풀이의 양상과 의미를 밝혀내려 하였다. 그는 '신명', '신바람'이라고 할 때의 신을 귀신의 신, 천지신명의 신, 혹은 정령의 신으로 이해(『한국인 그 마음의 근원을 찾는다-신명과 신바람, 그리고 죽음과 성(性)』문학사상사, 1987.)하고, 신명을 신지핌(신들림, 또는 접신) 순간의 정신 심리 상태이자 신지핌에 따르는 앙분된 혹은 도취된 정신 심리상태로 보았다.

허원기, 『판소리의 신명풀이 미학』 중에서.

5) 모자이크 표절

텍스트를 복사해서 몇 개의 단어를 삭제하거나 문장 구조를 바꾸거나 동의어를 조합하여 짜깁기하여 사용하면서도 출처를 밝히지 않으면 표절이다.

> 다른 사람의 글이나 아이디어를 자신의 단어나 발상으로 편집, 변형하여 자신의 것으로 만드는 것은 표절에 해당하므로 이 경우에도 반드시 출처를 밝혀야 한다.

다른 사람의 글이나 아이디어를 자기 나름대로 편집하거나 변형하기 때문에 잘 드러나지 않는 경우가 많다. 문장을 변경하거나 구조를 변경한 경우에도 아이디어의 원본 출처를 명시하는 것이 중요하다. 내 생각과 타인의 생각을 구별하고 타인의 글이나 발상을 차용하였다면 출처를 밝혀야 한다. 원작자의 지적 재산권을 존중하는 것은 중요한 원칙이기 때문이다.

6) 자료 짜깁기 사례

> (1) 다매체 환경에서 소통의 특징은 문자와 이미지, 이성과 감성이 중층적으로 얽힌 복합적 소통으로, 사적 소통과 공적 소통의 경계를 넘나드는 인터넷의 소통으로 쌍방향적 소통으로 정리할 수 있겠다.(윤여탁 외, 『매체언어와 국어교육』, 서울대학교출판문화원, 2013, p.110.)

(2) 디지털넷은 쌍방향 소통이다. 구술사회에서 이루어졌던 쌍방향 소통이 새로운 차원에서 다시 나타난 것이다. (중략) 이러한 쌍방향 소통은 구술 사회에서 나타났던 몇 가지 특징들을 다시 나타나게 해주고 있다. 구술이 즉각적인 청자의 반응과 참여에 의해 소통이 일어졌다면 인터넷에서도 접속한 자의 즉각적인 반응과 참여가 가능해졌다. 그러나 연기된 반응이나 점검도 가능하여 참여의 성격이 훨씬 복잡한 양상을 보여준다.(이정덕, 「살림지식총서」, 『21세기 한국의 문화혁명』, 살림, 2004, p.80.)

【짜깁기의 예】

현대와 같은 다매체 환경에서 소통의 특징은 문자와 이미지, 이성과 감성이 중층적으로 얽힌 복합적 소통으로 사적 소통과 공적 소통의 경계를 넘나드는 인터넷으로 소통으로 쌍방향적 소통으로 정리할 수 있다. 이러한 쌍방향 소통은 구술 사회에서 나타났던 몇 가지 특징들을 다시 나타나게 해주고 있는데 구술이 즉각적인 청자의 반응과 참여에 의해 소통이 이루어졌다면 인터넷에서도 접속한 자의 즉각적인 반응과 참여가 가능해졌다.

3. 표절 검사

▶ 카피킬러 https://www.copykiller.com/howtouse

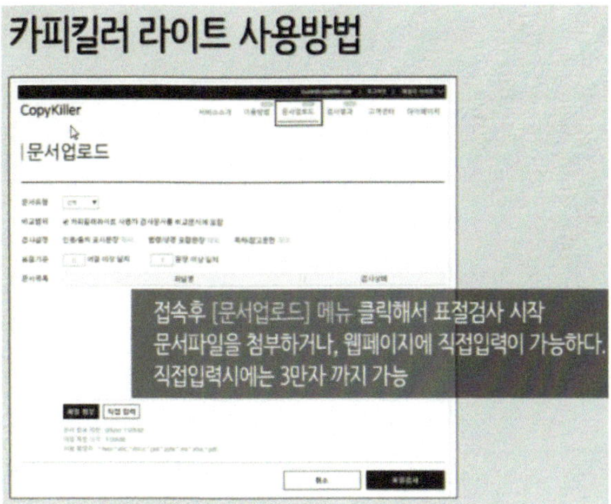

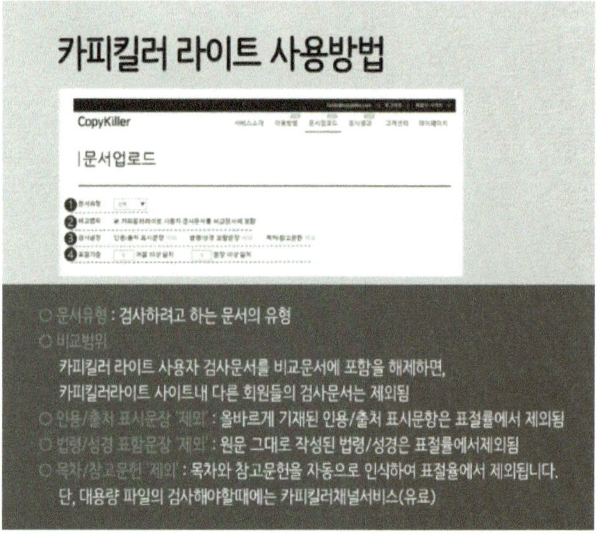
카피킬러 라이트 사용방법
CopyKiller
문서업로드
○ 문서유형 : 검사하려고 하는 문서의 유형
○ 비교범위
카피킬러 라이트 사용자 검사문서를 비교문서에 포함을 해제하면,
카피킬러라이트 사이트내 다른 회원들의 검사문서는 제외됨
○ 인용/출처 표시문장 '제외' : 올바르게 기재된 인용/출처 표시문항은 표절률에서 제외됨
○ 법령/성경 포함문장 '제외' : 원문 그대로 작성된 법령/성경은 표절률에서제외됨
○ 목차/참고문헌 '제외' : 목차와 참고문헌을 자동으로 인식하여 표절율에서 제외됩니다.
단, 대용량 파일의 검사해야할때에는 카피킬러채널서비스(유료)

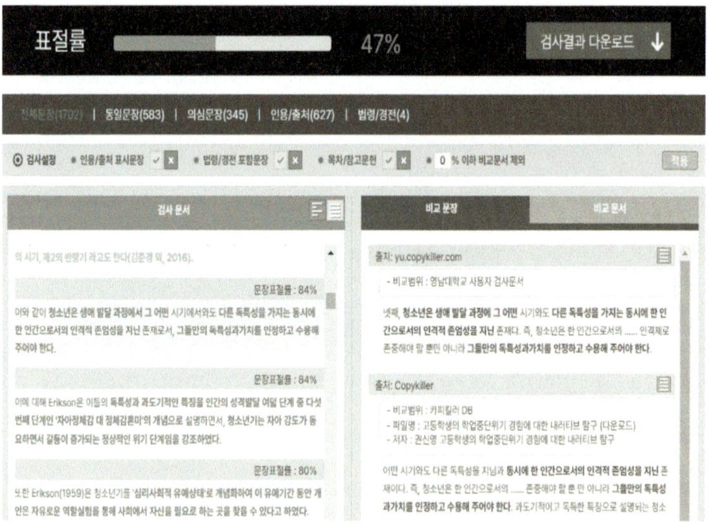
표절률
47%
검사결과 다운로드
전체문장(1702) | 동일문장(583) | 의심문장(345) | 인용/출처(627) | 법령/경전(4)
검사설정
인용/출처 표시문장
법령/경전 포함문장
목차/참고문헌
0 % 이하 비교문서 제외
적용
검사 문서
의 시기, 제2의 반항기 라고도 한다(김춘경 외, 2016).
문장표절률 : 84%
이와 같이 청소년은 생애 발달 과정에서 그 어떤 시기에서와도 다른 독특성을 가지는 동시에 한 인간으로서의 인격적 존엄성을 지닌 존재로서, 그들만의 독특성과가치를 인정하고 수용해 주어야 한다.
문장표절률 : 84%
이에 대해 Erikson은 이들의 독특성과 과도기적인 특징을 인간의 성격발달 여덟 단계 중 다섯 번째 단계인 '자아정체감 대 정체감혼미'의 개념으로 설명하면서, 청소년기는 자아 강도가 동요하면서 갈등이 증가되는 정상적인 위기 단계임을 강조하였다.
문장표절률 : 80%
또한 Erikson(1959)은 청소년기를 '심리사회적 유예상태'로 개념화하여 이 유예기간 동안 개인은 자유로운 역할실험을 통해 사회에서 자신을 필요로 하는 곳을 찾을 수 있다고 하였다.
비교 문장
비교 문서
출처: yu.copykiller.com
- 비교범위 : 영남대학교 사용자 검사문서
넷째, 청소년은 생애 발달 과정에 그 어떤 시기와도 다른 독특성을 가지는 동시에 한 인간으로서의 인격적 존엄성을 지닌 존재다. 즉, 청소년은 한 인간으로서의 ...... 인격체로 존중해야 할 뿐만 아니라 그들만의 독특성과가치를 인정하고 수용해 주어야 한다.
출처: Copykiller
- 비교범위 : 카피킬러 DB
- 파일명 : 고등학생의 학업중단위기 경험에 대한 내러티브 탐구 (다운로드)
- 저자 : 권신영 고등학생의 학업중단위기 경험에 대한 내러티브 탐구
어떤 시기와도 다른 독특성을 지님과 동시에 한 인간으로서의 인격적 존엄성을 지닌 존재이다. 즉, 청소년은 한 인간으로서의 ...... 존중해야 할 뿐 만 아니라 그들만의 독특성과가치를 인정하고 수용해 주어야 한다. 과도기적이고 독특한 특징으로 설명되는 청소

4. 참고문헌 작성법

'참고문헌'의 사전적 정의는 '연구 따위의 참고자료로 삼는 서적이나 문서'이다. 모든 논문에는 참고문헌 목록이 있다.

1) 참고문헌의 역할

① 주장의 객관적 근거를 제시하여 신뢰성을 확보할 수 있다.
② 선행연구자의 지적 재산권을 존중하고 보호할 수 있다.
③ 논문에 대한 정보를 일목요연하게 제시할 수 있다.

2) 참고문헌 작성 원칙

① 본인의 창작 내용 이외는 인용 사실과 그 출처를 참고문헌에 정확하게 기재해야 한다.
② 인용한 사본은 보유해야 한다.
③ 원본 논문의 객관적 정확성을 확인해야 한다.
④ 다른 논문에 있는 참고문헌을 그대로 옮겨 쓰면 안 된다.
⑤ 본문의 인용과 참고문헌의 목록과 일치해야 한다.

3) 인용 방법

다른 사람의 글을 참고로 하는 경우에는 해당 부분에 인용 표시를 분명하게 하고 주석을 통해 출처를 정확히 밝혀야 한다. 본문에는 인용 표시와 출처 표시를 제대로 하지 않고 참고문헌에만 자료의 서지 사항만을 제시하는 경우도 표절이 된다.

그러므로 본문, 참고 문헌 모두 동일하게 기록이 되어야 한다.

(1) 직접 인용과 간접 인용 방법

인용 방법은 저자명, 자료명, 출판 연도, 인용 면수 등이 포함된다.

【각주 방식의 직접 인용 사례】

하지만 일제는 현실을 왜곡하고 일제의 정책을 선전하는 국책문학을 강요[2)]함으로써, "진실을 은폐하고 기만과 폭력으로 한국 민중을 더욱 노예화시키는 邪道의 문학인 국책문학"[3)]이 전반적으로 성행하게 된다. 이에 이기영은 차선책으로 작가의 문제의식이 전혀 도출되지 않으면서 현실 도피 성향을 보이는 통속적인 연애물인 『생활의 윤리』를 1942년 출판하기에 이른다.

2) 1932년 일제는 만주 건국으로 만주 개척의 필요성을 인식하고 국책문학의 하나로 농민문학, 생산문학, 대륙개척문학을 강조한다. 이에 1938년 전후하여 이기영을 비롯하여 이태준, 채만식, 이무영, 이석훈, 정비석, 정인택 등이 만주시찰단의 일원으로 만주를 시찰하고 이를 작품화하였다. 우종인, 「이기영 장편소설에 나타난 작가의식 연구」, 단국대 박사논문, 2012, p.78.

3) 이주형, 「일제 강점시대 말기 소설의 현실대응 양상」, 『국어교육연구』 24집, 국어교육학회, 1991, p.10.

【본문 주 방식의 직접인용(내각주, 외각주) 사례】

이상갑(1984: 97)에서는 이기영의 소설을 "사회에서 가정으로, 사회인에서 생활인으로 귀환"[3]이라는 모토를 중심으로 현실을 총체적이고 비판적으로 그리기보다 한 개인의 사적인 일상 차원으로 축소하는 경향을 드러내고 있다고 주장하였다.

---

3) 이상갑, 「1930년대 후반기 창작방법론 연구」, 고려대 박사논문, 1994, p.87.

직접 인용을 할 때에는 텍스트에 오자나 탈자가 있거나 현행과는 다른 맞춤법이 사용되었더라도 텍스트대로 제시하는 것이 원칙이나 정확한 의미 전달을 위해 꼭 필요한 경우에는 해당 단어 뒤에 '(**의 오기-인용자)'와 같은 식으로 바로잡아 보여줄 수 있다.

(2) 재인용 표시하기

다른 사람의 글에 이미 인용되어 있는 글을 다시 인용할 때 원래의 자료를 구하기 어렵거나 언어를 해석하기 어려운 경우에 사용한다.

【각주 방식의 간접 인용 사례】

이혼 제도의 경우에도 축첩한 사실만으로는 이혼이 성립되지 않았다. 이혼을 하였더라도 미성년자인 자녀를 대리하여 보증, 부동산 등의 권리행사에서도 친족회의의 동의를 얻어야 했다. 이러한 호적제도는 가족 내에서 여성의 지위는 약화되고 남성에게 종속적인 지위로 고착화되는 계기로 작용하였다.[1)]

---

1) 한국여성연구소 여성사 연구실, 같은 책, pp.277-283 참조.

【재인용 사례】

신여성은 여자고등보통학교 이상의 학력을 지닌 여성, 가정과 사회를 개혁시켜야 하는 중대차한 의무를 지닌 여성교육가, 문인·화가·음악가 등의 직업을 지니며 교육을 통해 과학적이고 합리적인 사고를 가지고 구식을 벗어나 새롭게 사는 방법을 배운 여성을 가리킨다.[1)]

---

1) 김남천, 「지식 계급 전형의 창조와 『고향』 주인공에 대한 감상」, 조선중앙일보, 1935.7.2. 박용옥 편, 『여성 ; 역사와 현재』, 국학자료원, 2001, pp.155-156 재인용.

(3) 참고 문헌 작성하기

① 국내 문헌과 외국 문헌을 함께 이용하였을 때에는 국내 문헌을 먼저 제시하고 외국 문헌은 동양권 문헌과 서양권 문헌으로 나누어 제시한다.

② 국내 문헌은 저자 이름을 가나다순으로 제시한다. 동양권 문헌은 저자 이름을 한문의 가나다순으로, 서양권 문헌은 저자 이름을 알파벳순으로 제시한다.

③ 저자 이름, 저서 이름, 출판사, 간행 연도순으로 제시한다. 각주에서는 인용한 부분의 면을 밝히지만 참고 문헌에서는 표시하지 않는다. 단, 학술지에 실리는 글에는 참고문헌에 해당 면을 표시한다. 저서인 경우에는 겹낫표(『』), 논문인 경우에는 홑낫표(「」)를 사용한다.

④ 동일한 저자의 논저를 여럿 참고한 경우에는 간행 연도 순서에 따라 제시하되 같은 해에 발표된 논저는 그 선후 관계를 따져, ㄱ, ㄴ 또는 a, b로 제시한다.

⑤ 공저인 경우는 공저자의 이름을 모두 쓰는 경우와 대표 저자의 이름만 밝혀 적는 경우가 있다. 공저자를 모두 나열할 때는 가운뎃점(·) 또는 쉼표(,)를 사용한다. 대표저자명만 밝히는 경우 'OOO 외'라고 표시한다.

⑥ 신문 기사를 인용할 때는 '기사명, 신문명, 년. 월. 일.' 인터넷 자료를 인용할 때는 '콘텐츠명, 최종 사이트 주소,(검색일자)'로 한다.

※ 참고문헌은 학교, 전공 분야에 따라 작성 방법이 조금씩 다르다. 그러므로 학교에서 제공하는 논문 작성 지침을 확인한 후에 작성하는 것이 좋다.

【참고문헌 예시】

강만길, 『한국현대사』, 창작과 비평사, 1984.
공제욱 외, 『식민지의 일상, 지배와 균열』, 문화과학사, 2006.
권영민(ㄱ), 『한국 근대 문인 대사전』, 아세아문화사, 1990.
______(ㄴ), 『민촌 이기영의 작가세계』, 국학자료원, 1992.
김경일, 『근대의 가족, 근대의 결혼』, 푸른역사, 2002.
______, 『여성의 근대, 근대의 여성』, 푸른역사, 2004.
이상갑, 「1930년대 후반기 창작방법론 연구」, 고려대 박사논문, 1994.
통계청, 경제활동인구조사, http://kosis.kr/news/news_jsp, 2014.
홍길동, 대통령의 말, 〈한국신문〉, 2001년 3월 12일 6면.

5. 표절과 패러디

표절은 다른 사람의 창작물을 자신의 것으로 도용하는 것이다. 패러디(parody)란 기존 원본에서 따와서 재생산해 사용하는 콘셉트다. '잘 알려진' 원작을 비틀어 풍자적으로 새로운 메시지를 만들어 내는 문학의 한 표현형식을 말한다. 따라서 패러디는 다른 사람의 저작을 차용하지만 원전을 밝히고 그것을 풍자적·해학적으로 표현한다는 점에서 표절과 구별한다.

【패러디 시】

F학점 옆에서

-서정주의 「국화 옆에서」를 변주하여

ㅇ ㅇ ㅇ

F 학점 받으려고
3월부터 나는
아침잠의 노예가 되었나보다

시험지 앞에서 가슴 조이던
5월과 7월의 뒤안길에서
인제는 돌아와 다발로 서서
권총같이 나를 겨냥하는 F학점들
이여

F 학점 받으려고
어머니의 폭풍 잔소리에도
그렇게 아침잠의 노예가 되었나
보다

학사 경고 철퇴령이 내려지려고
간밤에 천둥번개가 그리 사납고
내게는 잠도 오지 않았나보다

▶ 윤동주 '서시'로 패러디 시를 써 보자.

서시

윤동주

죽는 날까지 하늘을 우러러
한 점 부끄럼이 없기를
잎새에 이는 바람에도
나는 괴로워했다.
별을 노래하는 마음으로
모든 죽어 가는 것을 사랑해야지
그리고 나한테 주어진 길을
걸어가야겠다.

오늘 밤에도 별이 바람에 스치운다.

연습 활동

Q1 앞에서 설명한 원칙에 따라 다음 사항들을 외각주로 작성해 보세요.

(1) 김소정이 지은 『조선 시대 빈민 생활사 연구』란 책의 25면부터 32면까지를 인용하였다. 이 책은 1987년 민음사에서 간행되었다.

(2) 2005년에 외교부에서 간행한 『미국 트럼프 행정부의 대회 통상 정책과 시사점』이라는 책의 45면을 참조하였다. 이 책은 박문성, 나수엽이 같이 쓴 책이다.

(3) 손가을의 논문 「오늘날 우리가 나아갈 길」의 36면에서 39면을 참조하였다. 이 논문은 서울대학교 박사 논문이다.

(4) 손가을의 논문 「오늘날 우리가 나아갈 길」의 40면을 다시 인용하였다.

Q2 맞으면 O, 틀리면 X하세요.

(1) 참고문헌 목록을 작성할 때는 정해진 형식을 지켜야 한다. (O / X)

(2) 학문 분야를 막론하고 참고문헌 목록의 작성 형식은 모두 같다. (O / X)

(3) 참고문헌 배열의 첫 번째 기준은 출간 연도이다. (O / X)

(4) 논문 안에서 출처를 밝혔다면 참고문헌에 따로 넣지 않아도 된다. (O / X)

(5) 인용은 하지 않아도 논문을 쓰기 위해 읽은 논문은 모두 참고문헌에 넣어야 한다. (O / X)

(6) 참고문헌에 국내 문헌을 먼저 넣고 그 뒤에 외국 문헌을 넣는다. (O / X)

Chapter 8

요약하기

1. 요약하기 개념

'요약'의 정의는 '말이나 글의 요점을 잡아서 간추림'(표준국어대사전 누리집)이다. '요약하기'는 텍스트의 중심내용(중요한 내용)을 간략히 옮기는 것으로서 그 결과물이 바로 요약문이다. 요약은 중요한 정보를 강조하고 불필요한 세부사항을 제거하여 독자가 빠르게 이해할 수 있도록 도와준다. 요약을 잘한다는 것은 텍스트 전체 내용을 정확하게 이해했다는 것을 의미한다. 다시 말해서 다른 사람의 글을 정확히 이해해서 조직적으로 요약하여 한 편의 글로 표현한 것이 요약문이다.

2. 요약하기 절차

요약하기는 기본적으로 글 읽기 → 중심내용 찾기 → 요약문 다듬기로 이루어진다. 이 과정을 구체적으로 살펴보면 다음과 같다.

1) 글 읽기

(1) 전체적인 이해

텍스트를 처음부터 끝까지 읽으면서 전체적인 이해를 한다. 이는 텍스트의 구조와 내용을 파악하는 데 도움이 된다.

(2) 단락별 이해

전체적인 이해가 되었다면 텍스트의 단락을 하나씩 읽으면서 그 내용을 이해한다. 각 단락에서 어떤 주제가 다루어지는지 파악하고, 이를 요약하기에 적합한 형태로 정리해본다.

(3) 핵심어 파악

텍스트에서 핵심어와 핵심어를 설명하는 예시, 증거 등을 찾는다. 이를 통해 요약하기에서 중심내용과 주요 세부사항을 파악하는 데 도움이 된다.

(4) 메모 및 밑줄

텍스트를 읽으면서 중요한 내용이나 핵심어를 메모하거나 밑줄을 긋는다. 이를 통해 요약하기를 할 때 필요한 정보를 쉽게 찾을 수 있다.

(5) 반복 읽기

텍스트를 한 번 읽고 요약하기는 부족하기 때문에 여러 번 읽어야 한다. 첫 번째 읽을 때는 전체적인 글의 맥락을 파악하고 두 번째 읽을 때는 중심내용과 세부사항을 밑줄 그으며 집중해서 읽는다. 반복 읽기를 통해서 전체적 맥락과 글쓴이의 의도를 파악할 수 있다.

2) 중심 내용 찾기

(1) 제목과 소제목으로 찾기

글의 제목과 소제목은 주로 중심 내용을 나타낸다. 이들을 읽고 내용의 주요 관점과 목적을 파악할 수 있다.

(2) 첫머리 문장과 마지막 문장으로 찾기

전체 글의 첫머리 문장과 마지막 문장에 중심 내용을 담고 있는 경우가 많다. 이들을 읽고 중심 내용을 찾을 수도 있다. 각 단락도 첫 문장이나 마지막 문장으로 중심 내용을 찾을 수 있다.

(3) 중요도 평정으로 찾기

중요도 평정이란 글 전체에서 덜 중요한 것, 반복되는 내용은 삭제하면서 중심 내용을 찾는 방법이다. 사소하거나 불필요한 내용, 중요한 내용이더라도 반복되는 내용은 삭제한다. 중요하지 않은 문장은 대체로 부연, 나열, 예시, 주장, 근거 등이다. 이때 제일 먼저 부연을 삭제하고 다음으로 근거, 주장의 순으로 삭제를 하면 중심 내용을 찾을 수 있다.

(4) 핵심어와 그 설명으로 찾기

단락에 중심 문장이 명시적으로 나타나 있지 않을 때는 창출해야 한다. 글을 읽을 때 찾은 핵심어와 설명을 중심으로 중심 문장을 만들면 된다.

3) 요약문 다듬기

(1) 텍스트 구조 유지

요약에서도 텍스트의 구조를 유지하는 것이 중요하다. 소제목이나 단락 구조를 활용하여 목차와 유사하게 구성을 해야 한다.

(2) 텍스트의 언어와 스타일 변경

요약을 할 때 원문의 내용을 그대로 사용하지 않고 핵심 내용을 재구성해야 한다. 텍스트에서 나타난 긴 문장을 간결하게 요약하고, 전문용어나 기술적인 언어를 일반인이 이해할 수 있는 용어로 변환하는 등의 작업을 해야 한다.

(3) 한 편의 글로 완성

요약문이라도 글의 형식(서론, 본론, 결론)을 갖추어야 한다. 그러기 위해서는 접속사 첨가, 연결어를 수정해서 자신의 문장으로 창출해야 한다.

(4) 하위 개념들을 상위 개념으로 대체

하위 개념들이나 하위 요소들은 포괄적인 상위 개념으로 대체한다. 예를 들면 세탁기, 냉장고, TV, 청소기 등을 가전이라는 상위 개념으로 일반화할 수 있다. 하위 개념들을 상위 개념으로 대치하는 이유는 요약문은 간결해야 하기 때문이다.

(5) 객관적으로 서술

요약할 때 자신의 생각이나 글에 대한 평가를 쓰지 않는다. 요약은 원문을 객관적으로 전달하는 것이 목적이므로, 자신의 주관적인 생각이나 평가를 쓰지 않는 것이 바람직하다. 만약 자신의 생각이나 평가를 표현하고 싶다면, 요약 이후에 별도로 표현하는 것이 좋다.

4) 요약하기 4원칙

요약하기 과정을 간략하게 정리하면 다음과 같다.

① 선별의 원칙 : 중심 내용과 중심 문장을 뒷받침하는 내용을 구별해서 읽는다. 중요한 내용만 남기고 중요하지 않은 내용은 삭제한다.

② 재구성의 원칙 : 요약을 할 때는 원문의 중심내용에 맞춰 표현을 바꿔 재구성해야 한다.

③ 대체의 원칙 : 요약문은 간결해야 하기 때문에 하위 개념들을 상위 개념으로 대체한다.

④ 중립의 원칙 : 글쓴이의 주장에 대해 자신의 견해나 평가를 넣으면 안 된다.

3. 요약하기 실제

요약하기 과정의 내용을 참고로 다음 칼럼을 읽고 요약을 같이 해 보겠다.

글쓰기가 미래 경쟁력인 이유

[횡설수설/고미석] (동아일보, 2017년 6월 6일자)

"이 아름다운 행성에서 지각 있는 존재이자 생각하는 동물로서 살았다. 그것은 그 자체만으로 엄청난 특권이자 모험이었다." 영국 태생의 신경과의사 올리버 색스(1933~2015)가 삶의 끝자락에서 남긴 글은 여운이 길다. '아내를 모자로 착각한 남자' 등을 펴낸 색스는 의학계의 계관시인으로 불렸다. 1965년 노벨 물리학상 수상자인 미국의 리처드 파인먼(1918~1988) 역시 베스트셀러 저자로 유명하다. 그가 과학의 울타리를 넘어 대중에게 다가선 것도 글 솜씨 덕분이다.

이들은 문재(文才)를 타고났겠으나 인문계든 이공계든 '전공불문' 글쓰기 능력을 길러주는 영미 대학교육의 수혜도 받았을 터다. 하버드대가 신입생 대상 글쓰기 프로그램을 의무화한 것이 1872년. 20년간 이 프로그램을 이끌어온 낸시 소머스 교수는 최근 인터뷰에서 "자기 분야에서 진정한 프로가 되려면 글쓰기 능력을 길러야 한다."고 했다. 어느 분야로 진출하든 글쓰기가 미래 경쟁력이란 의미다.

이 대학의 분야별 글쓰기 가이드북 가운데 생명과학 편은 왜 글쓰기가 중요 한지 이렇게 설명한다. '실험노트를 작성하고 연구제안서를 쓰고 연구논문 형태로 스토리를 얘기하는 것 모두 과학적 사고에서 없어선 안 된다.' 한국은 어떤가? 서울대가 '글쓰기 지원센터' 설립 추진을 밝힌 것이 불과 두 주일 전이다. 앞서 발표된 자연과학대 신입생 253명의 '글쓰기 능력 평가'는 충격적이었다. 3명 중 1명은 70점 미만에, 65명은 정규 글쓰기 과목 수강조차 힘든 수준이었다.

휴대전화 문자, e메일 등 글을 통한 의사소통은 늘고 있다. 하지만 단문 아닌 장문으로 생각을 전달하는 능력은 우리나라에선 거꾸로 가는 것 같다. 몸의 근육을 키우려면 운동이 필요하듯 생각의 근육을 키우려면 글쓰기가 최고의 방법이다. 글쓰기와 사고력은 자전거의 두 바퀴와 같다. 사고력을 키울 수 있는 신문을 날마다 읽는 것도 도움이 된다. 소머스 교수는 "짧은 글이라도 매일 써보라"고 조언한다. 자기 생각을 글로 옮길 수 있다는 것, 그 자체만으로 엄청난 특권이자 모험이다.

위의 글을 단락별 중심문장은 다음과 같다.

〈1단락〉 : 신경과 의사인 올리버 색스와 물리학자 리처드 파인먼은 각각 의학계와 과학계에서 유명한 인물이었지만 글쓰기로 대중에게 다가갈 수 있었다.

〈2단락〉 : 이들이 글쓰기를 잘할 수 있었던 것은 '전공불문' 글쓰기 능력을 길러주는 영미 대학교육의 결과이고 미래의 경쟁력을 키우기 위해 하버드대는 신입생 대상 글쓰기 프로그램을 의무화하고 있다.

〈3단락〉 : 하버드대는 과학적 사고를 위해서는 글쓰기가 중요하다고 생각하고 있으나 서울대학교 신입생들은 정규 글쓰기 과목 수강조차 힘든 수준이어서 '글쓰기 지원센터' 설립 추진하고 있다.

〈4단락〉 : 글쓰기와 사고력을 키우는 최고의 방법은 매일 신문을 읽고 짧은 글이라도 쓰는 것이다.

이제 요약한 내용을 가지고 한편의 요약문을 만들어 보자.

신경과 의사인 올리버 색스와 물리학자 리처드 파인먼이 유명한 작가가 될 수 있었던 이유는 '전공불문' 글쓰기 능력을 길러주는 영미 대학교육의 결과이다. 하버드대는 미래의 경쟁력을 키우고 과학적 사고를 기르기 위해 신입생 대상으로 글쓰기 프로그램을 의무화하고 있다. 그러나 우리나라 서울대학교 신입생들은 글쓰기 과목 수강조차 힘든 수준으로 체계적인 교육이 부족하다. 글쓰기와 사고력은 밀접한 관련이 있다. 그러므로 미래의 경쟁력을 키우기 위해서는 교육기관에서 체계적인 글쓰기 교육이 필요하다.

글쓰기 활동

Q 다음 글을 읽고 각 단락의 중심 문장을 찾은 뒤 요약문을 작성하세요.

[행복산책] "소셜미디어 속 멋진 인생에 흔들리지 마라"

서은국 연세대 심리학과 교수, 조선일보, 2017년 7월 24일자.

곤히 자고 있는 당신의 이마에 누군가가 밤에 낙서를 해 놓았다고 하자. 붉은 펜으로 커다란 X자 표시를 한 것이다. 이 테러를 최초로 목격하는 시점은 아침에 양치하며 거울을 볼 때다. 이때의 반사적 반응은? 당연히 손을 이마로 가져가 낙서를 지우지, 거울을 닦지는 않을 것이다. 그러나 우리가 '당연'한 것으로 생각하는 이 행위(이마 만지기)는 사실 고도의 사회적 지능을 갖춘 동물만이 보이는 수준 높은 반응이다. 실제로 이 예시는 심리학자들이 일명 붉은 점 테스트(red dot test)라고 부르는 실험의 요약본인데, 이때 거울이 아닌 자신의 신체로 주의를 돌리는 동물은 돌고래, 침팬지, 그리고 인간 정도다. 자신이 세상에 어떻게 보이는지를 지각한다는 뜻이다.

자신과 세상과의 관계를 이해하는 시각은 크게 두 가지다. 하나는 1인칭의 관점인데, 자신의 깊은 어딘가에서 바깥세상을 내다보는 듯한 느낌을 말한다. 하지만 인간은 자신이 타인의 눈에 어떻게 보일지를 그려보는 3인칭의 관점을 채택하기도 한다. 그래서 나의 행동, 옷차림이나 말이 다른 사람에게 어떤 인상을 줄지를 상상한다. 사회적 동물에게 꼭 필요한 사고 능력이다. 제대로 걷지도 못하는 영아들도 이런 고차원적인 사회적 사고를 한다. 그래서 붉은 점 테스트에서 거울이 아닌 자신의 이마로 손을 뻗는다.

타인의 평가를 외면하는 사회적 동물은 제대로 생존할 수 없다. 하지만 행복해지기 위해서는 타인에 대한 이 본능적 관심을 조금 누르고 다스릴 필요가 있다. 여러 소셜미디어 매체를 통해 수많은 사람과 접촉이 가능해진 세상에서는 더욱 그렇다. 소셜미디어는 남들로부터 자신이 꽤 그럴듯한 사람임을 확인받고 싶은 욕망을 자극한다. 그래서 이 공간의 작품들은 철저한 내부 검열을 거친 후 전시된다. 자신 있는 각도의 얼굴이나 멋진 여행지 사진은 검열에 통과지만, 성형 전 얼굴이나 거실에 쌓여 있는 빨랫감 사진들은 걸린다. 그런데 이렇게 우아하게 편집된 '남들의 인생'을 계속 보게 되면 자신의 삶은 상대적으로 뭔가 시시하다는 느낌을 갖게 될 수 있다.

덴마크 코펜하겐 시내에는 마이크 위킹(Meik Wiking)이라는 사람이 설립한 행복 싱크탱크(think tank)가 있다. 이곳에서 2015년 출간한 '페이스 북 연구'라는 책 내용이 눈길을 끈다. 성인 1,095명을 대상으로, 절반에게는 1주 동안 페이스북을 일절 하지 않도록 지시했고, 나머지 반에게는 페이스북 활동을 이전처럼 하라고 하였다. 고작 1주일의 시간이었지만, 페이스북 세계에 머물렀던 사람들과 이곳을 잠시 떠났던 사람들은 흥미로운 차이를 보였다. 소셜미디어와의 접속이 차단됐던 이들이 계속 접속한 이들에 비해 더 행복해졌을 뿐 아니라, 사회적 관계에 더 만족감을 느꼈고 부정적인 정서(외로움, 슬픔, 분노)는 덜 경험했다.

많은 사람이 소셜미디어가 삶을 윤택하게 만든다고 믿지만, 지나친 몰입은 오히려 역효과가 있다는 것을 보여주는 연구다. 그 이유는 인간의 뇌는 늘 사회적 맥락에서 자신과 남을 비교하며 자신을 이해하기 때문이다. 예를 들어, 외로움으로 자살하는 사람들이 실내에서 생활하는 연말보다 봄과 초여름에 더 많다는 연구도 있다. 마치 자신만 빼고 온 세상이 파티를 하는 듯한 모습을 봄에 더 쉽게 볼 수 있기 때문이다.

사이버 세상에서 접하는 인생들 대부분이 미화된 작품인 것을 누구나 머리로는 안다. 그렇지만 타인에게 초미의 관심을 갖도록 설계된 우리의 마음은 정서적으로 위축되고 흔들릴 수 있다. 정보의 홍수 속에 살다 보면 자기 인생보다 소란스러운 바깥을 더 자주 보게 된다. 하지만 누구나 인생 한구석에 소중히 간직하고 있는 귀한 공간이 있을 것이다. 그 특별한 공간을 음미하는 것도 행복의 지혜다. 모든 것을 전시할 필요는 없다.

<각 단락별 중심문장>

〈1단락〉

〈2단락〉

〈3단락〉

〈4단락〉

〈5단락〉

〈6단락〉

〈요약문 작성〉

Chapter **9**

자기소개서 Ⅰ

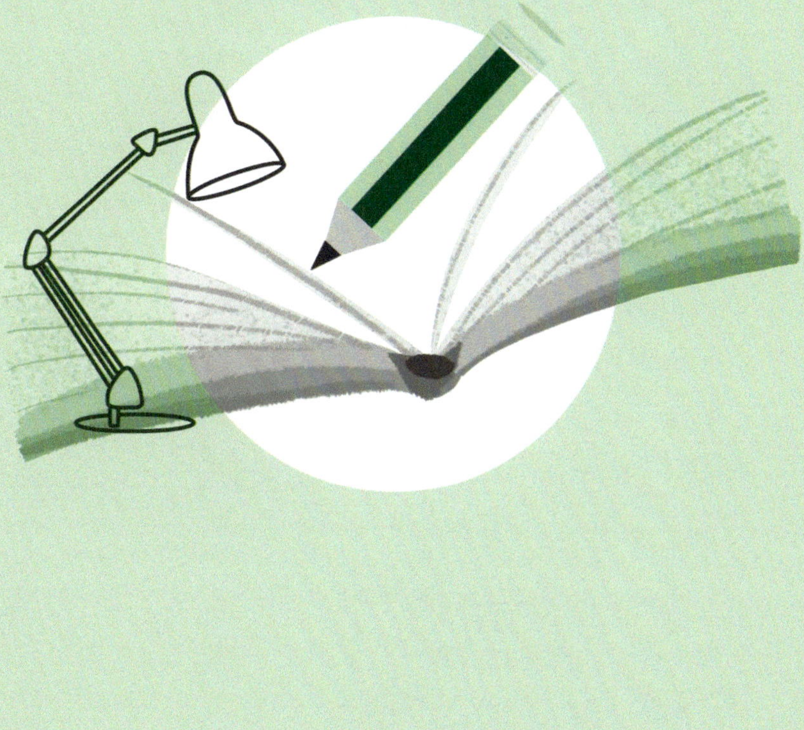

1. 자기소개서

취업 준비를 하는 구직자들의 첫 번째 어려운 과제는 자기소개서 작성일 것이다. 이력서에는 학력, 학점, 토익 점수 따위의 스펙을 소개한다, 자기소개서에는 이력서에 잘 드러나지 않는 내가 어떤 사람인지, 다른 사람들과는 어떤 차이점이 있는지를 보여주는 글이다. '나'라는 인물이 기업에 얼마나 가치 있는지, 필요하지 설득하는 글이다.

2. 자기소개서 쓰기 전

1) 지원하는 회사 분석하기

① 이 회사에 지원한 까닭은 무엇인가?
② 지원하는 업종·직무를 위해 무엇을 준비해 왔는가?
③ 입사한 뒤에 업무를 잘 수행할 수 있는가?
④ 조직에서 잘 융화하여 지낼 사람인가?

자기소개서는 짧은 시간 안에 자신을 소개하여 신뢰감을 줄 수 있고 구성원의 일원이 되기에 부족함이 없다는 사실을 알리는 데 효과적이다. 또한, 능력 있는 인재로 각인시키기 위해 효과적인 홍보를 목적으로 하는 실용적 글쓰기이다.

2) 지원하는 직무 분석하기

내가 지원하는 회사의 직무가 어떤 업무를 수행하는지 먼저 파악해야 한다. 직무에서 필요로 하는 역량이 무엇인지, 어떤 전문성을 가져야 하는지 등을 자신이 가지고 있는 재능과 경험, 성격을 연결하여 목표 회사에 대해 분석해야 한다.

※업종별로 요구하는 직무 역량※

업종	자기소개서 작성 시 직무 능력
은행/카드	적극적, 활동적, 영업력, 사교적, 신용, 금융(상품)지식
보험/증권	고객에게 신뢰를 줄 수 있는 첫 인상, 상품지식 및 경험
공기업	업무조율 능력, 전산능력, 배려, 행정경험, 기획력
마케팅/광고	대인관계 능력, 협상 능력, 아이디어. 시장분석
교육/컨설팅	도움을 줄 수 있는 마인드, 상대를 이해하는 능력
해운/무역	외국어 능력, 파트너십, 위기대처 능력, 도전, 적응력
서비스/유통	고객마인드, 친절, 역지사지의 입장, 접객 능력, 친화력
건설/플랜트	리더십, 추진력, 도전과 모험 정신, 사람을 다루는 능력
조선/자동차	팀워크, 소통, 추진력, 협력, 글로벌 마인드, 도전 정신
전자/통신	인내, 끈기, 포기하지 않는 열정, 개발 의지, 섬세함
호텔/항공	배려와 친절, 국제적 감각, 동료애와 서비스 정신
보건/의료	생명에 대한 존중, 전문성, 꼼꼼함, 친절함

자기소개서는 업종별 직무 특성을 참고해서 작성해야 한다. 업종별 필요한 직무 역량은 각 기업 채용 홈페이지, 취업 포털 등을 이용하면 자세히 알 수 있다.

3) 자기소개서 작성 원칙

① 직무와 연관성 : 주장이 아닌 경험 중심으로 작성하고 교훈 또는 성과가 직무와 어떤 연관성이 있는지 중심으로 서술한다.

② 효과적인 전달력 : 결론-사례-강조 3단계로 서술하며 문장은 짧게, 어휘는 풍부하게 사용한다.

③ 준비된 인재 : 기업이 원하는 인재상과 자신의 역량과 전문성에 초점을 맞추어 서술한다.

④ 객관성과 진실성을 위한 수치 제시 → '오랫동안(2019.01~2023.12)'처럼 구체적 기간을 제시하면 신뢰감을 줄 수 있다.

⑤ 가독성 높이기 : 문단 나누기와 각 항목에 소제목 붙여 쉽게 읽고 이해할 수 있도록 한다.

⑥ 제한 글자 수 지키기 : 만약에 1,000자 이내이면 950자에서 1,000자 이내로 작성한다.

4) 피해야 할 자기소개서 쓰기

【예문 1】

- 저는 2002년 ○월 ○일 대구에서 1남 1녀 중 장남으로 태어나 ······○○초등학교를 다녔습니다.
- 고등학교 때 학교생활에 최선을 다했고, 공부도 매우 열심히 했습니다. 성실한 학교생활로 개근상도 받았습니다.
- 아르바이트를 성실히 했고 그래서 사장님으로부터 인정도 받고 주변 동료들로부터 좋은 평판도 얻었습니다.
- 저는 매사에 최선을 다하려는 태도를 가지고 있으며 끊임없는 자기 계발을 통해 사회에 필요한 역량을 갖추고자 노력하고 있습니다.
- 합격만 시켜주신다면 최선을 다해 열심히 일하겠습니다.

☞ *남들도 다 같이 썼을 만한 내용을 반복해서 표현하여 내용이 진부하다. 자기를 독창적으로 나타내기 위해서는 내용과 표현부터 달리 접근할 필요가 있다.*

【예문 2】

- '세 살 버릇 여든까지 간다' 속담의 의미를 다시 한번 깨닫는 순간이었습니다.

- '시간은 금이다'라는 말을 좌우명으로 삼아 최선을 다하며 노력해 왔습니다.
- '성공은 99%의 노력으로 이뤄진다'신념을 가지고 저는 실패를 두려워하지 않고 끝없이 도전하고 노력하는 삶을 살아왔습니다.

☞ *이미 널리 알려진 속담이나 명언의 사용은 오히려 창의성과 개성을 떨어뜨린다.*

【예문 3】

다양한 교외 활동을 통해 많은 경험을 쌓았습니다.

봉사 활동을 하면서 많은 것을 깨달을 수 있었습니다.

☞ *자신의 행동과 사건을 추상적으로 모호하게 기술된 내용은 개성을 드러내는 유용한 정보로 기능하지 못한다. '다양한', '많은' 등의 수식어는 주관적 표현이므로 지양할 필요가 있다.*

3. 마인드맵으로 소재 찾기

자기소개서를 쓰려면 먼저 무엇을 쓸 것인지 소재를 찾아야 한다. 이때 마인드맵을 이용하면 객관적 시각으로 쓸거리를 쉽게, 일목요연하게 찾을 수 있다. 기본적으로 자기소개서에 꼭 들어가는 항목들이 있다. 마인드맵으로 소재를 찾아 작성할 때 다음 표를 참고해서 누락된 것이 있는지 없는지 확인해야 한다.

항목	중요도	
	필수	선택
1. 성장과정		○
2. 강점	○	
3. 장점	○	
4. 단점		○
5. 조직생활 경험	○	
6. 지원동기	○	
7. 입사 후 포부	○	
8. 희망 직무	○	
9. 도전 정신	○	
10. 각오		○
11. 직무 경험	○	
12. 취미와 특기		○
13. 기업 분석	○	
14. 경쟁회사 분석		○
15. 전공 연관성	○	
16. 직무 선택 이유	○	
17. 리더십	○	

◆ 마인드맵 예시

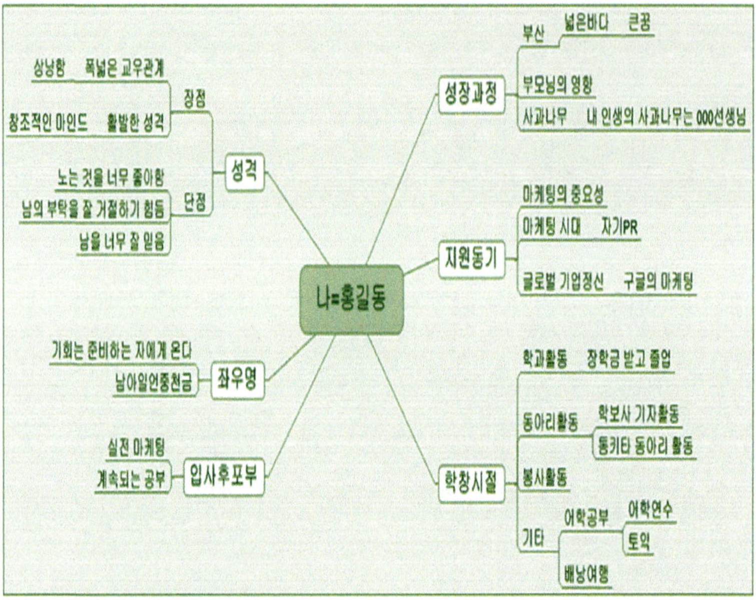

출처 : https://bsmilal.tistory.com/706

◆ 마인드맵으로 자기소개서 소재 찾기

나

Chapter 10

자기소개서 Ⅱ

자기소개서[4]는 정해진 일정한 양식은 없다. 기업이 요구하는 항목 또한 일정하지 않다. 그러나 성장 과정, 성격의 장·단점, 경력활동, 지원 동기, 입사 후 포부 등으로 구성되는 것이 일반적이다. 작성을 할 때는 핵심 내용 위주로 압축해서 요약한 다음 작성해야 한다. 인사담당자가 서류를 검토하는 시간이 평균 3분 내외이기 때문이다. 다음을 참고로 작성을 하면 된다.

<table>
<tr><td rowspan="3">경험, 능력
가치</td><td>성장 과정</td><td>인성, 가치관 형성 과정, 진로 선택의 영향</td></tr>
<tr><td>성격의
장단점</td><td>성격의 장단점이 지망한 직무와 사회생활의 연결 고리</td></tr>
<tr><td>학교생활</td><td>학업, 출석, 교우 관계, 그 외 활동</td></tr>
<tr><td rowspan="2">회사 기여도</td><td>지원동기</td><td>기업의 경영이념, 창업 정신, 업계의 시장 상황과 연결해서 작성</td></tr>
<tr><td>입사 후
포부</td><td>조사를 통해 기업 문화, 승진제도, 사내동아리 등 직장문화와 연결해서 제시</td></tr>
</table>

또한, 사례를 제시할 때는 다음 기준을 기억하며 작성할 필요가 있다.

① 동기 : 왜 하였는가?

② 도전 : 무엇을 시도해 보았는가?

③ 고난 : 어려웠거나 힘든 점은 무엇이었는가?

---

4) 본 장에 제시된 예문들은 신현우, 『헨리샘의 NCS자소서 사례분석』, ㈜박문각출판, 2020; 표형종, 『자기소개서 직무사례 100』, 진서원, 2013.에 제시된 예문을 참조해서 수정.

④ 극복과정 : 어려운 점을 어떻게 하였는가?

⑤ 결과 : 무엇을 하였는가?

⑥ 결과분석(반성) : 결과를 보니 무엇이 문제였는가?

⑦ 새로운 방향 제시 : 그 후로 나는 어떻게 변화였는가?

1. 성장 과정 쓰기

① '기'에 해당되는 부분이다. '승-전-결'의 내용과 통일성을 갖도록 설명한다.

② 성장 과정을 지나치게 자세히 언급하는 것은 피한다.

③ 하나의 슬로건에 집중하여 표현한다.

④ 일화나 경험을 활용한다.

성장 과정을 요구하는 이유는 가치관, 신념을 어떻게 형성하게 되었는지, 문제해결 방식이 어떠했는지, 진로 선택에 어떠한 영향을 미쳤는가 등을 알기 위해서다. 작성할 때 경험을 서술한 후 이를 통해서 얻게 된 결과를 다음 예시같이 마무리하면 좋다.

① 기업의 인재상 중 하나에 어울리는 인재로 자라날 수 있었다.
② 직무에 관심을 갖게 되어 전공을 선택하는 계기가 되었다.
③ 성격 및 인성 형성에 영향을 끼친 계기가 되었다.
④ 어린 시절 고난을 극복한 사례를 통해 어떠한 점을 배웠다.
⑤ 본인만의 독특한 경험을 통해 남다르게 자라날 수 있었다.
⑥ 현재의 생활신조 및 가치관을 형성하는 배경이 되었다.

【예문 1】

'하면 된다' 집념을 배운 줄넘기

중학교 때 줄넘기 2단 뛰기를 50번 이상 하면 체육 실기 점수 A+를 받을 수 있었습니다. 당시 2단 뛰기를 하지 못하는 상황이었으나 A+를 꼭 받겠다는 목표로 매일 저녁 연습을 하였습니다. 그리고 마침내 실기시험 날, 50개를 훌쩍 넘겨 A+를 받았습니다. 전혀 되지 않을 것 같던 일을 해낸 자신이 자랑스러웠던 기억이 생생합니다. 그때의 경험으로 매사에 끝까지 해내는 집념을 가지게 되었습니다. 대학생 때에는 800km 도보 여행에 도전하여 포기하지 않고 노력하여 35일 만에 완주하기도 했습니다.

【예문 2】

도전 정신 배운 물구나무서기

중학교 체육 시간 때 물구나무서기를 배웠습니다. 처음에는 선생님의 시범을 보고 겁을 먹어 시도조차 못하고 있었습니다. 연습하는 친구들을 보다가 '왜 나는 연습조차 안 하고 있지?'란 생각이 들었습니다. 그래서 선생님의 시범을 꼼꼼히 본 후 시도를 해보았으나 성공은 못했습니다. 그러나 생각만큼 어렵지 않다는 것을 알았습니다. 용기를 내어 연습을 거듭한 끝에 결국 성공할 수 있었습니다. 이때의 경험을 통해 미리 한계를 정하지 않고 도전하는 태도를 가지게 되었습니다.

2013년 9월, 상하이 배낭여행을 계획했었습니다. 여행사는 중국어를 하지 못하면 상하이 자유여행은 힘들다며 여행지 변경을 권유했습니다. 하지만 새로운 것에 대한 두려움에 도전하지 않으면 아무것도 얻을 수 없다는 것을 알고 있기에 상하이 여행을 실행했고, 별 어려움 없이 10일간의 여정을 마칠 수 있었습니다.

【예문 3】

작은 일도 최선을

초등학교 3학년, 방과 후 활동으로 영어 연극을 했습니다. 초반 역할은 '백설공주'의 난쟁이, '엄지공주' 엄마 등 단역이었습니다. 비록 대사나 등장 횟수는 적은 작은 역할이었지만 참여 자체에 재미를 느껴 최선을 다했습니다. 그러던 중 학예제 때, 평소 저의 성실함과 열정을 눈여겨보셨던 선생님이 '신데렐라'의 왕자 역할을 맡겨 주셨습니다. 학예제라는 큰 무대에 처음으로 주연 역할을 맡아 대사와 동작 하나하나 최선을 다해 연습했습니다. 그 결과 공연을 성공리에 마칠 수 있었습니다.

이 경험으로 작은 일이라도 항상 최선을 다한다는 마음가짐을 가지게 되었습니다. 대학교 때에도 기획국 소속으로 학생회 활동을 열심히 했습니다. 이를 높이 평가한 선배들이 학생회장 출마를 권유해서 학생회장에 당선될 수 있었습니다.

◆ 성장 과정 쓰기

2. 성격(장점 및 단점) 쓰기

① 지원 분야와 관련 깊은 장점과 단점을 선택해서 쓴다. 인사담당자는 지원하는 업무에 필요한 성격과 성향을 갖추었는지, 조직에 잘 융화할 수 있는 성격인지를 중요하게 본다. 직무와 맞지 않은 성격은 쓰지 않는 게 좋다. 예를 들어 영업 업무인데 성격이 소심하다는 맞지 않다.

② 장점은 상대방에게 긍정적인 인상과 호감을 주는 내용으로 쓴다.

③ 장점을 작성할 때 "어떻게"라는 이유를 추가해서 쓴다. (예: 저는 친화력이 좋은 것이 장점입니다. → 저는 친화력이 좋아서 관계를 오래 유지할 수 있습니다.)

④ 단점을 기술할 때는 업무 수행에 긍정적으로 작용할 수 있는 것으로 쓴다.

⑤ 반드시 단점을 극복하기 위해 노력한 경험을 쓴다.

⑥ 단점은 장점에서 파생된 것으로 쓰면 좋다. (예: 저는 꼼꼼한 성격을 가지고 있어서 업무를 할 때 속도가 느린 것이 단점입니다.)

【예문 1】

장점 : 솔선수범의 자세

저는 어떤 단체에 속하든 먼저 솔선수범하는 적극적인 성격입니다. 대학교 4학년 때 기숙사 생활을 했습니다. 이때 공동화장실 청소 문제를 두고 7명의 룸메이트가 책임을 미루는 상황에서 세면대와 변기, 바닥 청소를 자청했습니다. 3주 정도 지나자 동참하는 룸메이트가 늘어났습니다. 나중에는 청소 스케줄을 만들어 일주일에 한 번씩 임무를 분담하여 협력하게 되었습니다. 항상 단체 생활에서 먼저 솔선수범하는 자세를 보이면서 좋은 평판을 얻고 있습니다.

단점 : 지나친 신중함

어떤 일을 시작하기 전에 신중하게 판단하는 성격 때문에 지나치게 고민하는 습관이 있습니다. 이 습관은 성급한 판단을 줄여 주는 반면에 일을 시작해야 할 시기를 놓치는 단점도 있었습니다. 그래서 현재는 일주일 이상 고민해서 답이 나오지 않는다면 일단 시작하는 것을 원칙으로 삼는 등 실행력을 높이기 위해 노력하고 있습니다. 적극적으로 주변 사람들에게 조언을 구하고 이를 참고하여 빠르게 판단할 수 있도록 하고 있습니다.

【예문 2】

장점 : 문제 개선 의식으로 불편함 해소

저의 장점은 불편한 점이 있으면 어떻게 더 편리한 방법으로 변화시킬 수 있는지 고민하는 습관입니다. 고교 시절 전기회로 실험 시 간혹 제가 원하는 방향으로 실험이 진행되지 않는 경우가 있었습니다. 회로를 다시 한 번 확인해 보면 도선의 집게 부분 연결이 제대로 되어 있지 않은 경우가 대부분이었습니다. 그래서 도선의 양쪽 끝을 집게에서 똑딱이 단추로 바꾸고 도선에 각을 만들 수 있는 단단한 재질을 삽입하였습니다. 이렇게 하니 여러 개를 연결해도 떨어지지 않아 책에 나오는 회로와 같은 모양을 만들 수 있었고, 학교 대표로 이 발명품을 제출하여 '대한민국 학생발명진흥회'에서 동상을 수상하기도 하였습니다.

단점 : 계획성 부족, 메모를 통해 극복

병원에서는 수많은 일들이 예고 없이 한꺼번에 일어납니다. 신규 간호사 때는 동시다발적으로 일어나는 업무를 계획성 없이 처리하다보니 환자의 요구 사항을 잊어버려 불만을 듣기도 하였고, 검사 시간을 놓치는 경우도 있었습니다. 또 담당 의사를 착각하여 잘못 보고하는 경우도 있었습니다.

그래서 어떻게 하면 빈틈없이 업무를 수행할 수 있을까 고민한 결과 인수인계를 받은 후 해야 할 일을 메모하고 보고사항을 담당 의사별로 분류하여 업무를 진행하였습니다. 미리 업무를 파악하여 일을 진행하다보니 제가 해야 할 업무들의 처리가 명확하고 신속해졌습니다. 또한, 업무 중 누락되는 부분을 현저히 감소시킬 수 있었습니다.

◆ 장점 쓰기

◆ 단점 쓰기

3. 경력 활동 쓰기

경력 활동은 학교생활을 포함하여 어떤 활동을 하였는지 작성해야 한다. 학교생활에서는 출석을 통해서 자신의 성실함, 중간·기말 시험은 전공에 대한 역량, 과제는 책임감과 팀워크를 중심으로 작성하면 된다. 학생 시절에 강조할 내용은 준비된 인재로서 직무에 적합한 성격 및 능력을 발휘한 경험, 지원하는 업무를 담당하기 위해 어떤 공부를 열심히 했는가를 중심으로 서술하면 된다. 경력 활동에서는 교내 외의 다양한 비교과 활동, 동아리 활동, 현장 실습, 공모전 참여, 아르바이트 등을 작성하면 된다. 이때 어떤 목적을 가지고 참여했는지, 수행하는 과정에서 생긴 문제들을 어떻게 극복하였는지, 그래서 달성한 결과가 무엇인지를 서술해야 한다.

【예문 1】

투표율 최고치 65% 달성

대학교 3학년 때 20여 명의 학생들과 3개월 동안 총학생회장 선거 집행부 활동을 하였습니다. 그러나 매해 떨어지는 투표율과 저조한 참여도로 자칫 투표 자체가 무산될 위기에 놓였습니다. 이에 학생들의 관심을 끌기 위해 몇 가지 대책을 강구하였습니다.

첫째, 매일 아침 7시 반부터 정문에서 매주 구체적인 공약 한 가지를 전달하는 투표 독려 퍼포먼스를 수행하여 좋은 호응을 얻었습니다.

둘째, 집행부 모두의 공강 시간을 수집하여 표로 만들었고, 각 단과대학 담당을 뽑아 요일별, 수업 시간별로 선거일 광고스케줄을 짜서 최대한 효율적인 인원 관리를 하였습니다.

셋째, 각 단과 대학별 피라미드식 투표제라 하여 친구와 함께 투표하러 가기 캠페인을 벌였습니다.

덕분에 투표율은 5년 내 최고인 65%로 마감했고 이 일로 불가능할 것 같은 일도 조직 안에서 가능으로 바꿀 수 있다는 것을 배울 수 있었습니다.

【예문 2】

야간 자전거족 안전을 위한 제품 제작

2013년 10월 마이크로프로세서 수업에서 팀원 2명과 4주간 '잔상효과를 이용한 LED 디스플레이'란 주제로 팀 프로젝트를 했습니다. 야간 자전거 사고가 많다는 기사를 보고 아이디어를 얻어 자전거 동호회원을 대상으로 사고 원인을 조사했고, '후미등 미부착'으로 인한 사고 의견이 많아 이를 해결하는 것을 목표로 했습니다.

C언어를 이용해 소스코드를 작성하고 PCB에 LED를 부착해 제작했습니다. 발광 패턴을 2가지로 만들어 원하는 패턴을 선택할 수 있도록 하였습니다. 그 결과 교수님께서 자신의 자전거에 부착하고 싶다고 하실 정도로 좋은 호응을 얻어 팀 프로젝트 1등을 했습니다. 아이디어를 생각에서 그치지 않고 직접 실행해 봄으로써 '기획력과 추진력'을 발휘했던 경험이었습니다.

【예문 3】

최고의 스피치에 도전하다

대학교 2학년 때 영어 회화 능력에 부족함을 느끼고 교내 영어캠프에 참여하였습니다. 수업과 팀 활동에 적극적으로 참여하다 보니 3주 뒤 졸업식 날 하는 스피치 대회에 반 대표 주자로 선정되었습니다.

우열을 가리는 대회는 아니었으나 중간레벨 반의 대표였던 저는 팀의 수준을 대표하는 사람으로서 막중한 책임감을 가지게 되었습니다. 팀을 위해 최고의 스피치를 하고 싶었습니다. 그래서 먼저 원어민 선생님을 따로 찾아가 어색한 부분은 없는지 피드백을 받고 연습했습니다. 오바마 연설 동영상을 보며 표정, 제스처 등을 연습했습니다. 또한, 녹음을 해서 다시 듣기를 하며 부족한 부분을 보완했습니다.

그 결과 캠프 졸업식 당일 총장님을 비롯한 100여명의 사람들 앞에서 자신감 있게 스피치를 하여 큰 박수를 받았습니다. 이 경험을 통해 팀을 위한 노력과 열정이 주는 가치와 성취감이 얼마나 큰지를 깨닫게 되었습니다.

◆ 경력활동 쓰기

4. 지원 동기 쓰기

자기소개서 각 항목 중 지원 동기 부분에 가장 정성을 들여야 한다. 그러기 위해서는 먼저 지원 분야가 어떤 특징을 있는지 조사를 통해 알아야 한다. 조사를 토대로 자신이 이 분야에 얼마나 적합한 인물인지를 작성하면 된다.

지원 동기에서는 회사나 직무, 특히 업종에 대한 관심과 이해를 보여주는 것이 좋다. 전공 용어, 전공 매칭 정도, 현장 용어, 현장 환경, 영업 전략, 제품에 대한 이해도, 업계 현황, 경쟁사 등은 지원자의 전문성을 드러낼 수 있다. 구체적인 작성 내용을 보면 다음과 같다.

다른 회사가 아닌 왜 이 회사를 선택했는지?
맡을 직무에 대한 간절함, 열정이 어느 정도인가?

⇓

홈페이지를 통해 그 기업의 비전, 추진하는 사업에 대해 파악
지원하는 업계에서 현재 어떤 기술, 트렌드 화두 파악

⇓

그 기업만의 특별한 가치를 경험과 직업관에 대비하여 지원 동기를 정리
회사에 대한 애정과 준비된 자세는 긍정적 인상이 됨

【예문 1】

WHY ㅇㅇ조선해양

ㅇㅇ조선해양은 자신만의 색깔을 가진 기업이라고 생각하기에 지원했습니다.

1. 색깔 하나 : 변화를 두려워하진 않는 도전입니다. 극지운항용 쇄빙셔틀 LNG선과 대형 쇄빙 컨테이너선 개발, 폐기물 재활용으로 무공해 사업장 실현 등 항상 새로운 것을 추구하고 변화하는 점이 ㅇㅇ조선해양이 가진 가장 뚜렷한 색깔이라 생각합니다.
2. 색깔 둘 : 블로그를 통한 소통입니다. ㅇㅇ조선해양 입사를 생각하면서 '런치박스'라는 블러그를 통해 많은 정보를 얻으면서 ㅇㅇ조선해양에 가고자 하는 마음이 더 절실해졌습니다. 그리고 메뉴 '조선소사람들'에서는 따뜻함을 느낄 수 있었습니다. 이를 통해 회사, 동료, 가정의 소중함을 느끼고 감사하는 ㅇㅇ조선해양人 될 수밖에 없는 이유를 알 수 있었습니다.

도전하는 열정과 인간미가 있는 지원자 김ㅇㅇ가 앞으로 ㅇㅇ조선해양이 GLOBAL TOP 조선해양 선도기업이 되는 데 일조하며 함께 성장해 나가겠습니다.

【예문 2】

'ASIA TOP10'을 향해

저에게 ㅇㅇ제과 하면 가장 먼저 떠오르는 제품이 '자일리톨 껌'입니다. 최초로 건강 기능성까지 고려한 껌은 타사의 무설탕 껌인 텐티큐입니다. 그러나 기능성은 좋아도 가장 중요한 맛에서 뒤떨어진 무설탕 껌은 시장에서 살아남을 수 없었습니다. 그 와중에 시판된 ㅇㅇ의 자일리톨은 기능성과 맛이라는 2마리 토끼를 동시에 잡았습니다. 그리고 ㅇㅇ제과는 'ASIA TOP 10'의 비전과 2013년 매출 200조 달성을 위해 식품 분야 전략 'ASIA TOP 5'목표를 하고 있습니다. 이처럼 창의성과 도전정신이 넘치는 ㅇㅇ제과의 목표 달성에 보탬이 되고 싶습니다.

【예문 3】

한 손으로는 기술을! 한 손으로는 경영을!

얼마 전 ㅇㅇ중공업 광고를 봤습니다. 지구의 바다를 인류의 마실 물로 바꾸고 지구의 자원을 인류의 빛으로 바꾸고 있다며 "지구의 가치를 높이는 기술, ㅇㅇ중공업"이란 문구를 보니 왠지 모르게 가슴이 뛰었습니다.

ㅇㅇ중공업은 해수담수화플랜트 시장점유율 세계 1위와 발전 플랜트 시장점유율 세계 1위입니다. 이런 성공의 바탕에는 엔지니어들의 끊임없는 열정과 기술을 가치로 만들려는 사명의식 덕분이라고 생각합니다.

저는 사람을 먼저 생각하는 ○○중공업에서 엔지니어로 시작하고 엔지니어를 가장 잘 아는 경영자가 되어 뛰어난 기술을 더 가치 있게 만들고 싶습니다. 또한 저처럼 ○○중공업의 광고를 보고 가슴이 뛰는 후배가 계속 나올 수 있도록 최선을 다해 회사를 최고로 만들고 싶습니다.

◆ 지원동기 쓰기

5. 입사 후 포부 쓰기

입사 후 포부를 쓰기 전에 선행해야 할 일이 있다. 입사를 하면 무엇부터 해야 하는지, 어떤 자세로 직장생활에 임해야 하는지, 신입사원의 자세는 어떠해야 하는지, 선배와 동료들에게 어떤 태도를 지녀야 하는지, 전문성을 갖추기 위해서 어떤 노력을 해야 하는지, 조직의 목표와 인재상에 맞추어 어떻게 행동해야 하는지 등을 신입 사원의 입장에서 충분히 깊게 생각하고 입사 후 포부를 작성해야 한다.

① 자기가 맡을 업무에 대해 조사를 한다.

② 앞으로 어떤 업무를 맡고 싶으며, 어떻게 수행해나갈 것인지 구체적 계획을 쓴다.

③ '열심히 최선을 다 하겠다' 등 상투적인 말은 쓰지 말자.

【예문 1】

화공 분야뿐만 아니라 토목, 어학 등 지식 습득 목표!

고부가가치산업 시대의 신성장동력인 플랜트산업의 역군으로서 열정과 도전적인 자세로 ㅇㅇ엔지니어링이 세계 최고로 올라서는 데 일조하겠습니다. 또한 내일을 짓는 자세, 그리고 항상 배우는 자세로 화공 분야뿐만 아니라 토목, 계장 등에 대한 포괄적인 지식을 쌓고 지속적인 외국어 학습으로 ㅇㅇ엔지니어링의 일원으로서 경쟁력을 갖추겠습니다.

플랜트산업은 진입장벽이 높은 기술집약적 산업입니다. 따라서 어떤 업무든지 단기간에 익힐 수 없다는 것을 알고 있습니다. 따라서 집중력과 인내를 가지고 배움에 임하는 신입 사원의 모습을 보여드리겠습니다.

현장에서는 팀워크와 책임감을, 설계에서는 안정과 효율을 동시에 추구하는 엔지니어로서 수주 8조, 매출 5조, Global Top20이라는 비전 2015에 부합하는 인재가 되겠습니다.

【예문 2】

10년 후 No.1 모바일 전문가가 꿈!

1958년 창립 이래 ○○전자는 불굴의 도전정신으로 수많은 "○○최초"의 제품을 생산해내면서 정보통신, 전자업계를 선도해 왔습니다. 그리고 IFA2010에서 선보이고 있는 세계 최소 두께인 0.88cm의 나노기술이 적용된 풀LED TV를 선보이고 있습니다. 이는 GLBAL Top3을 향한 ○○전자의 Fast Innovation정신을 찾아볼 수 있는 좋은 사례라고 생각합니다. 개인적으로 '세계 제일의 모바일 전문가'라는 인생 목표를 가지고 있습니다. 이러한 부분은 ○○전자의 비전과 부합한다고 생각합니다. 그래서 ○○전자에 입사해 제 꿈을 펼쳐보고 싶습니다.

앞으로 ○○전자의 일원이 되어 크게 다음의 3가지 목표를 세우고 이것을 반드시 달성하도록 노력하겠습니다.

첫째, ○○전자에서 또 다른 ○○ 최초의 휴대폰을 개발하겠습니다. 최근 휴대폰의 추세가 '스마트함'이라면 향후 휴대폰 시장의 키워드는 '친환경'과 '실버산업'이 될 것입니다. ㅇㅇ전자의 지속가능 경영의 하나로 이미 '태양광 충전 휴대폰'이 개발되었지만, 앞으로 색다른 친환경 휴대폰을 개발하고 싶습니다. 우리나라는 오는 2019년에 고령화 사회로 접어들 것으로 예측되고 있습니다. 하지만 여전히 노년층은 휴대폰 사용에 어려움이 많은 실정입니다. 이들을 대상으로 특화된 휴대폰을 개발해 노년층이 정보통신기술의 흐름에 뒤처지지 않도록 돕고 싶습니다.

둘째, 중국에서 ㅇㅇ전자의 휴대폰 시장 점유율이 1위가 되도록 노력하겠습니다. 현재 해외시장의 ㅇㅇ전자 매출을 살펴보면 북미 시장의 매출이 많은 부분을 차지하고 있습니다. 따라서 휴대폰 시장의 블루오션인 중국에서 ㅇㅇ전자의 휴대폰 시장 점유율을 1위로 높여 세계 휴대폰 시장의 정상을 차지하는데 일조하고 싶습니다. 이를 위해서 영어뿐만 아니라 중국어 같은 제2외국어를 갈고 닦겠습니다. 그리고 기회가 주어진다면 세계인들 앞에서 ㅇㅇ전자 휴대폰을 홍보하고 싶습니다.

셋째, 변리사 자격증을 취득하겠습니다. 휴대폰 같은 정보통신기기를 개발함에 있어서는 특허는 매우 중요한 사항이라고 생각합니다. 휴대폰 개발에 필요한 기본적인 자격증뿐만 아니라 변리사 자격증을 취득함으로써 최고의 기술이 집약된 휴대폰을 개발하고 싶습니다. 언제나 자강불식의 자세로 매일매일 새롭게 성장하는 ㅇㅇ전자人이 되도록 온 정성을 쏟겠습니다.

【예문 3】

○○제과의 미래 전략기획가!

입사 첫 해, 항상 목이 쉬는 사원이 되겠습니다. 선배와 동료, 고객과 만날 때마다 큰소리로 인사함으로써 저의 열정을 알리겠습니다. 직무 습득과 함께 빠르게 변화하는 상황에서 고객의 니즈를 파악하는 데 주력하겠습니다.

입사 3년 후, 영업관리의 핵심인재가 되겠습니다. 터득한 노하우와 끊임없는 이론, 전문적 지식의 함양을 함께 이루겠습니다. 또한 글로벌 기업으로 발돋움할 ○○제과의 성장 디딤돌이 되기 위해 네이티브 수준의 회화 능력 달성을 위해 영어 실력을 갖추겠습니다.

입사 5년 후, 영업관리를 통해 배운 스킬을 바탕으로 효과적인 마케팅전략과 CRM을 통한 고객 전략을 시행하겠습니다. 떠나는 고객을 향한 감동적인 이별로 그들을 다시 돌아오게 할 수 있는 미래를 내다보는 사람이 되겠습니다.

입사 10년 후, ○○제과의 미래를 기획하는 기획관리 파트에서 일하고 싶습니다. 영업과 마케팅을 통해 습득한 지식을 바탕으로 기업이 가야 할 길을 제시하는 현실성 있는 전략기획을 이루어내겠습니다.

◆ 입사 후 포부 쓰기

Chapter 11

비평적 글쓰기

1. 비평적 글쓰기 이해

비평은 문학, 미술, 음악, 건축, 사진, 연극, 영화, 드라마 등의 예술작품과 그리고 우리 주변에서 이루어지는 다양한 문화적 현상을 대상으로 그 내용과 표현 방식, 의미를 창의적으로 분석하고 그 가치와 의의에 대해 평가하는 글을 말한다. 비평을 할 때는 개인적인 편견이나 경험에서 벗어나 글을 읽는 사람들이 납득할 수 있는 구체적이고 설득력 있는 근거를 들어 평가해야 한다. 그러므로 비평 대상에 대해 풍부한 해석이나 깊이 있는 이해를 추구할 필요가 있다.

1) 감상과 비평 차이점

감상문과 비평은 비슷한 점은 있지만, 목적과 내용에서 차이가 있다. 감상문은 대상의 인상을 표현하는 데 초점을 둔 글이며 비평은 비판적 읽기에 초점을 둔 글이라고 할 수 있다. 대학에서는 책을 읽고 감상문을 쓰는 경우도 있고, 서평이나 비평문을 쓰는 경우도 있다. 감상문은 읽은 책에 대한 직관적인 느낌과 인상적인 부분에 대한 생각을 펼치면 되지만 서평이나 비평문은 그 대상의 의미를 해석하고 가치를 평가하면서 객관적인 근거와 타당한 기준을 함께 제시해야 한다.

다시 말해서 감상문은 개인적인 경험과 감정을 중심으로 느낀 것을 서술하는 것이다. 독자에게 자신의 생각, 느낀 점, 감정과 같은 개인적인 요소를 전달하며, 작품에 대한 깊은 이해와 분석을 보여주는 것이 중요하다. 반면, 비평은 대상의 내용과 가치를 평가하는 것이다. 독자에게 작품의 장단점, 장르, 스타일, 주제 등에 대해 이야기하며 평가와 분석을 통해 추천하거나 비추천한다. 일반적으로 비평은 대상과 관련이 있는 사람이 작성하는 것이어서 전문적인 분석과 비평적인 시각을 제공한다. 즉, 감상문과 비평은 각각 다른 목적과 내용을 지니고 있으며, 독자에게 다른 요소를 제공한다. 감상문은 개인적인 경험과 감정을 중심으로, 비평은 작품의 내용과 가치를 평가하는 것이 중심이다.

이를 간략히 정리하면 다음과 같다.

※감상과 비평의 차이점※

감상문	비평
주어: 나는/필자는	주어: 작품은/저자는/독자는
정서적	논리적
내향적	외향적
독백	대화
일방적	관계적
치유의 경험	통찰의 경험

2) 비평적 글쓰기의 방법

비평적 글쓰기는 주제에 대한 명확하고 의미 있는 평가를 담은 글을 작성하는 것이다. 비평적 글쓰기를 위한 방법을 알아보면 다음과 같다.

(1) 비평 대상 간략하게 소개하기

비평을 쓸 때 먼저 독자가 대상에 접근할 수 있는 정보를 제공해야 한다. 작가(혹은 제작자), 작품명, 출판사(혹은 발표 장소), 발표 시기, 작품 내용 등을 간략하게 소개한다.

① 문학 비평 : 어느 작가의 어떤 작품, 어느 출판사에서 언제 출판되었는지

② 문화 비평 : 비평하고자 하는 문화 현상이 구체적으로 무엇인지, 비평 이유는 무엇인지

③ 미술 비평 : 전시명, 화가, 제목(그림명), 작품 관람 장소(미술관), 대표적인 표현 기법

(2) 객관적으로 분석하기

비평적 글을 작성할 때는 주관적인 의견을 주장하기 전에 주제를 깊이 분석해야 한다. 작품이나 공연의 다양한 측면을 고려하고, 객관적인 사실과 작품의 특징을 파악해야 한다.

① 생산적인 소통을 위해서 독자가 신뢰할 수 있는 타당한 근거를 제시해야 한다.

② 공정성과 객관성을 확보하기 위해 대상에 대한 관련 자료를 조사하여 심도 있게 논의해야 한다.

관련 자료 조사 방법

1. 비평 대상과 관련 있거나 혹은 자신의 주장을 뒷받침할 만한

각종 서적, 신문 자료, 인터넷 자료 등을 찾아본다.
2. 서적이나 신문 자료 등의 내용을 참조할 때에는 해당 분야의 전문가가 쓰거나 작성한 것인지 확인한 후 참조한다.
3. 인터넷 자료의 경우 신뢰할 만한 사이트에 실린 내용을 참조한다.

(3) 인용과 예증 활용하기

의견을 뒷받침하기 위해 인용과 예증을 사용한다. 작품의 특정 장면이나 구체적인 요소를 인용하거나, 작품과 관련된 사실적인 정보를 제공하여 의견을 강화하고 독자에게 더욱 명확한 이해를 제공할 수 있다.

① 인용 : 다른 사람의 말이나 글 혹은 자료 등을 자신의 말이나 글 속에 끌어 쓰는 것.

② 예증 : 자신의 견해를 구체적인 실례를 들어 증명하는 것.

인용이나 예증의 방법을 사용할 때 유의할 점

1. 인용이나 예시의 양은 적절하게 조절한다. 너무 많은 인용이나 예시를 사용하면 글이 지나치게 복잡해지거나 원작과의 균형이 깨질 수 있으므로 주의해야 한다.
2. 짧은 내용을 인용할 때는 큰따옴표(" ")를 활용하여 해당 내용이 인용임을 분명하게 밝힌다.
3. 인용이나 예시가 글의 주제와 목적에 부합하며, 자연스럽게

흐름에 녹아들도록 배치해야 한다.

4. 비평 대상에 대한 다른 사람의 평가나 사회 현상 혹은 사건 등을 인용할 때는 따로 출처를 분명하게 밝혀야 한다.
5. 다른 사람의 평가 내용을 인용할 때에는 관련 분야 전문가의 의견을 활용하도록 한다.
6. 작품과 관련 있는 사회 현상 혹은 사건 등을 인용할 때에는 독자들이 쉽게 알 수 있는 사회적으로 일반화할 수 있는 사회 현상이나 사건을 인용한다.

(4) 글쓴이의 가치 판단과 창의적인 관점 잘 드러내기

비평을 쓸 때 자신만의 관점에서 대상의 가치를 판단하여 평가하는 능력이 필요하다. 그러기 위해서는 작품의 의도, 작품의 독특한 방식, 작품의 효과, 해당 작품과 다른 작품과의 관계 등에 나의 독창적인 생각과 느낌에 초점을 맞추어 쓸 내용을 정리한다.

(5) 평가 기준 설정하기

작품을 평가할 때는 명확한 기준을 설정하면 목적과 의미를 논리적으로 전달할 수 있다. 예를 들어, 연기 기술, 스토리 구성, 시각적 효과 등과 같은 요소를 기준으로 작품의 강점과 약점을 간결하게 요약하고, 독자에게 작품의 가치와 의미를 이해시킬 수 있는 내용을 담아야 한다.

2. 비평적 글의 종류

인간이 생산해낸 모든 것들은 비평의 대상이 될 수 있다. 그래서 비평의 영역과 종류는 무척 다양하다. 그중에서 예술과 대중문화의 물질적·비물질적 산물들은 특히 비평의 대상으로서 자주 다루어진다. 이 가운데 대학에서 과제로 자주 나오는 비평적 글쓰기의 대표적 유형들을 간단히 소개하고 서평 쓰기에 대해서 구체적으로 알아보겠다.

1) 문학 비평

① 시, 소설, 희곡, 수필, 문학 등 모든 장르의 문학 작품을 대상으로 한다.

② 문학 비평가들은 문학 작품의 구조, 스타일, 주제, 인물 묘사, 문체, 문법, 언어 사용 등을 분석한다.

③ 작품의 의미, 가치, 역사적 배경, 작가와의 관련성 등을 평가한다.

④ 문학 작품을 더 깊게 이해하고 평가하는 데 도움을 준다.

⑤ 비평가들은 작품의 장단점, 사회적·정치적·문화적 배경과 연관성, 작가의 시대적 위치, 작품이 다른 작품들과 어떻게 다른지 등을 분석하여 작품이 가진 의미와 가치를 파악한다.

⑥ 문학 비평은 다양한 방법으로 이루어진다. 예를 들어, 현대 비평이나 구조주의 비평은 작품의 언어적·구조적 특성에 대한 분석에 중점을 둔다. 문화 비평은 작품과 문화,

사회, 정치 등의 관계에 중점을 둔다. 여러 가지 비평적 관점을 적용하여 작품을 이해하고 분석하는 것이 중요하다.

⑦ 문학 비평은 문학 연구, 문학 교육, 문학 시장 등에도 영향을 미치며, 문학 작품을 깊이 이해하고 평가하는 데 중요한 역할을 한다.

2) 영화 비평

① 영화의 리뷰(review) 혹은 영화평은 기본적으로 새로운 작품을 설명하고 판단하여, 대중들이 그 영화를 볼 것인가 말 것인가 하는 데에 도움을 주는 반면, 영화 비평(criticism)은 영화라는 매체에 대해 일반적인 관심 이상을 가진 사람들을 대상으로 진지하고 세밀하게 분석을 한다.

② 문학이 언어로 이루어져 있다면 영화는 이미지와 사운드로 이루어져 있다.

③ 영화 전문 용어를 사용한다. 숏(shot)의 사이즈나 카메라의 움직임, 미장센(mise-en-scène)에 담긴 의도와 주제 형성의 효과 등의 이해가 필수적이다.

④ 영화를 구성하고 있는 서사구조와 인물, 시점 등도 영화 비평에서 주요한 분석의 대상이 될 수 있다.

⑤ 감독과 관련한 정보, 영화의 제작 배경, 영화의 원작, 수용자 반응 등은 영화의 외부 정보이지만 때로 영화의 해석에 중요한 시사점을 제공해 줄 수 있으므로 가능하면 폭넓게 검토해볼 만하다.

⑥ 영화의 강점과 약점을 식별하고, 작품의 품질, 엔터테인먼트 가치, 예술성 등을 평가한다.
⑦ 영화가 사회, 문화, 정치 등과 어떤 관련성을 가지고 있는지, 어떤 메시지를 전달하고자 하는지를 분석하며, 이를 통해 영화가 가진 의미와 가치를 평가한다.
⑧ 비평가들은 자신의 평가를 논리적으로 뒷받침하며, 독자에게 영화에 대한 깊은 통찰과 흥미로운 분석을 제공한다.

3) 서평

서평은 책을 비평의 대상으로 삼아 평가하는 글을 말한다. 소설이나 시집 등의 문학 서적과 비문학이 그 대상이다. 서평에는 출판사 리뷰, 일반 문헌 서평, 주제 서평, 쟁점 서평 등이 있다. 서평은 책에 대한 가치 판단을 통한 객관적인 평가(비평의 맥락 제시, 내용의 분석 및 정리, 책의 성과와 한계 평가)를 담고 있다는 점에서 감상 위주로 쓰는 독서감상문과는 성격이 다른 글이다.

(1) 서평 쓰기의 장점

① 작품에 대한 깊은 이해
서평을 쓰기 위해서는 작품을 깊게 읽고 분석해야 한다. 작품의 내용, 구조, 테마, 캐릭터 등을 자세히 관찰하고 이해하면서 작품에 대한 깊은 통찰력을 얻을 수 있다. 즉, 책을 읽으면서 촉발된 사유를 확장하고 정교화 할 수 있다.

② 문학적 사고력 강화

생각과 감정을 문장으로 표현하면서 문학적인 사고력과 글쓰기 능력을 향상시킬 수 있다. 또한, 다른 사람들의 서평을 읽고 비교하면서 다양한 시각과 관점을 습득할 수 있다.

③ 독자와의 소통과 공유

자신의 감상과 생각을 다른 독자들과 나누면서 문학적인 경험을 공유하고 함께 토론할 수 있다. 다른 사람들의 서평을 통해 작품에 대한 새로운 시각과 해석을 얻을 수도 있고 책에 대한 정보와 생각을 주고받을 수 있다.

④ 작가와의 연결

작가들은 독자들의 서평을 주로 피드백으로 삼아 작품을 개선하거나 다음 작품을 기획할 때 참고하기도 한다. 서평으로 작가와 독자 간의 소통과 연결이 이루어질 수 있다.

⑤ 독서 방향 설정

서평을 쓰면서 다양한 작품과 장르를 접하고 평가하는 경험을 쌓을 수 있다. 문학적인 경험과 이해도 함께 깊어지며, 다양한 작품들과 문화적인 소통으로 자신의 독서 방향을 설정할 수 있다.

서평을 쓰는 것은 작품과 독자, 작가와 독자, 그리고 문학적인 사회 전반에 의미 있는 활동이다. 작품을 읽고 감상을 써내는 과정에서 자신의 생각을 정리하고, 다른 사람들과 이야기를 나누며 문학적인 세계에 더 깊이 빠져들 수 있다.

(2) 서평 쓰는 과정

① 메모하며 두 번 이상 읽기

작품의 깊이를 이해하려면 두 번 이상 읽어야 한다. 읽을 때마다 읽는 목적을 조금씩 달리하는 노력이 필요하다. 첫 번째 읽을 때는 이해를 돕기 위해 정보를 정리하고, 작품의 흐름과 구조를 파악한다. 두 번째 읽을 때는 중요한 장면이나 인상적인 캐릭터, 내용이나 구성 방식 등을 비판적 시각으로 읽는다.

읽으면서 생각을 자극하는 문장이나 인용할 부분을 메모하거나, 쪽수를 적어 놓거나 밑줄을 그어 놓는다. 그리고 책을 읽으면서 떠오른 의문, 단상, 책에 관해 추가적으로 조사한 정보 등을 기록해 놓으면 서평을 쓸 때 유용하게 활용할 수 있다.

② 주제가 드러나는 제목 정하기

우리는 서평의 제목을 통해서 책에 대해 서평자가 하고 싶은 말 또는 평가를 알 수 있다. 제목을 정할 때는 먼저 서평의 주제를 정한 후 주제가 분명하게 드러나는 가제를 우선 정한다. 작성을 마친 후 내용이 제목이 의도하는 바와 같이 일관성 있게 서술되었는지 다시 한 번 검토한다. 글을 작성하는 과정에서 내용이 처음의 계획과 달리 제목을 비껴나갈 수 있기 때문이다.

③ 내용 요약하기

서평의 본론에는 책의 내용 요약이 들어간다. 요약을 할 때는 책의 핵심 메시지가 잘 드러나는 중요한 부분을 하면 된다. 이때, 내용 요약의 비중이 서평자 의견의 비중보다 많지 않도록 한다.

④ 분석과 해석하기

작품을 분석하고 해석하는 과정에서 작품의 요소들을 자세히 살펴볼 필요가 있다. 캐릭터의 행동과 심리, 작품의 구조와 스타일, 상징과 비유 등을 분석하여 작품의 의미와 작가의 의도를 파악해야 한다. 이러한 분석과 해석은 서평의 핵심이 될 수 있다.

⑤ 구성에 맞추어 표현하기

서평은 명확하고 구조화된 형태로 작성되어야 한다. 서론에서는 작품에 대한 간단한 소개와 주제 설정을 한다. 이때 반드시 책의 서지정보(저자 이름, 책 제목, 편집자 이름, 출판사, 출판 연도, 개정이나 수정 여부, 번역서인 경우 책의 원제와 번역자 이름 등)가 정확하게 기재되어야 한다. 동일한 저자·제목의 책도 여러 가지 버전이 있을 수 있다. 초판본의 오류를 정정한 개정판, 편집자나 출판사가 바뀌면서 편집체계를 바꾼 버전, 번역서의 경우 번역자가 바뀌면서 문장 표현을 바꾼 버전 등이 나올 수도 있다.

본론에서는 자신의 감상과 분석을 구체적으로 서술한다. 결론에서는 작품의 강점이나 약점, 추천 여부 등을 서술하면 된다. 또한, 작품을 평가하는 기준을 명확하게 제시해 독자에게 설득력을 줘야 한다.

⑥ 퇴고하기

초고가 완성이 되면 반드시 수정, 편집의 퇴고 과정을 거쳐야 한다. 퇴고는 서평 쓰기의 8할을 차지한다고 해도 과언이 아니다. 문장의 흐름과 명확성, 문법과 맞춤법, 일관성 등을 검토하고 수정한다. 필요하다면 문장을 간결하게 정리하고, 필요한 부분을 보충하거나 삭제해야 한다.

⑦ 공유와 피드백 받기

작성한 서평을 온라인 독서 커뮤니티, 문학 블로그, 소셜미디어 등을 활용하여 작품에 대한 서평을 게시하고 의견을 교환해보는 것도 좋다. 다른 사람들의 피드백을 받으면서 서평을 보완하고 발전시킬 수 있기 때문이다.

서평을 쓰는 과정에서는 생각과 감정을 정리하고 작품을 깊이 이해하는 능력이 향상시킬 수 있다. 또한, 다른 사람들과의 소통과 문학적인 공유를 통해 더욱 풍부한 독서 경험을 쌓을 수 있다.

3. 서평 쓰기 실제

1) 간략하게 소개하기

서평을 쓰기 위해서는 먼저 책에 대한 기본적인 서지 정보, 간단한 소개를 해야 한다.

두 개의 미국

조너선 닐, 문현아 옮김, 책갈피, 2008.

조너선 닐(Jonathan Neale)은 미국 출신의 아동문학가로 알려져 있다. 그런데 우리말로 옮겨진 닐의 책 세 권은 아동문학과 무관하다. 『두 개의 미국(What's Wrong with America?)』(문현아 옮김, 책갈피, 2008)은 "조지 부시 같은 자가 세상에서 가장 강력한 인물이 된 과정을 설명한다. 내 주장의 핵심은 미국의 부자들과 권력자들이 평범한 미국인을 다루는 방식으로 전 세계 사람들을 다루려 한다는 것이다."

이 책은 미국이 움직이는 방식을 분별력 있게 설명하거나 이에 분노를 표출하는 범주에 들기는 하지만, 그런 부류의 다른 책들과 뚜렷한 차별성을 갖는다. 『두 개의 미국』은 여느 미국 비판서가 언급하길 꺼려하는 금기에 도전한다. 닐은 미국 사회의 '지배계급'과 '자본주의'를 문제 삼는다. 그는 세계 경제 위기의 근원을 이윤 하락에서 찾는다.

"1960년대 중반 이후로 미국을 포함한 전 세계 부유한 산업

국가들마다 산업부문에서 이윤이 급감하고 있다. 그 상황이 너무도 심각해서 전 부문에 걸쳐 이윤이 하향화하는 실정이다. 이 때문에 세계 대부분의 지역에서 차례로 경제성장이 둔화했고, 이것이 실업률 상승과 금융 투기 확대로 이어지고 있다."

조너선 닐은 1980년대 투자가 감소하면서 선진 7개국의 제조업 노동자 수가 한 해 1퍼센트 남짓씩 줄어든 점에 유의한다. 특히 미국의 성장 악화와 공장 국외 이전의 관련성을 잘 살핀다. 그건 "부분적으로는 맞는 말이다. 그러나 주된 이유는 미국에서 더 적은 수의 제조업 노동자들이 더 많은 재화를 생산하는 데 있었다." 노동 강도가 세졌다는 거다.

이윤율 하락과 관련된 '세계화'의 본질은 이렇다. "대략 1975년 이후로 전 세계의 기업들과 정부들은 임금을 낮추고 공공지출을 삭감하고 민영화하는 정책을 추구하기 시작했다. 미국에서만 그런 것이 아니라 전 세계에서 진행됐다. 이는 모든 나라에서 힘 있는 부자들이 이윤율 하락에 대해 벌인 대응이었다."

계급적 시각을 견지하는 조너선 닐은 "다른 나라처럼 미국도 이윤을 끌어올리고 싶어 하는 지배계급과 그들이 착취하는 노동계급으로 나뉜다"고 강조한다. "'지배계급'이라는 단어는 금기이며, '노동계급'이라는 단어에는 낙인이 찍혀 있다." 또한 '중간계급'은 '노동계급'의 완곡어법일 따름이다. 그리고 '매카시즘'은 조 매카시의 전매특허가 아니다. 매카시는 그의 이름이 붙은 '마녀사냥'의 끝물을 탔다.

"초기부터 핵심 구실을 한 인물은 민주당 대통령 해리 트루먼, 공화당의 우파 하원의원 리처드 닉슨, 극우 인종차별주의자인 연방수사국(FBI) 국장 J. 에드거 후버, 당시 영화배우노동조합의 민주당 자유주의 분파 지도자였던 로널드 레이건, 극우파 할리우드 제작자인 월트 디즈니, 가장 강력한 노동조합이던 자동차노조의 민주당 자유주의 분파 지도자 월터 로이터 등이었다."

미국 노동조합운동의 말살을 안타까워하는 조너선 닐은 공민권운동에서 위안을 얻는다. 반전운동? 여성운동? 동성애자해방운동 등은 공민권운동의 덕을 봤다는 얘기다. 하지만 이러한 미국 내부의 새로운 평등운동은 "노동조합과 노동자들을 간과했다"는 심각한 약점을 지녔다. 아울러 공민권운동은 1970년대 정체성 정치의 약점을 극명하게 드러내기도 했다.

앨 고어 부통령에 대한 냉정한 평가, 대량 구금과 인종차별의 함수관계 고찰, 전통적인 '가족 가치' 옹호에 담긴 위선의 폭로 등이 모두 유의미하다. 그리고 "1980년대와 1990년대에 미국인들은 사회나 부자들이 아니라 자신을 탓하라고 배웠다"는 것도. "실제로는 누군가가 인생을 망쳤다면 자업자득일 뿐이라고 생각하게 됐다는 뜻이다."

지구온난화에 대한 조너선 닐의 대안 제시는 탁월하다. "다시 말해 지구온난화를 막는 것은 정말로 가능하다. 그러나 현재의 경제체제가 그것을 가로막고 있다. 지구온난화를 막는다는 것은 석유와 자동차를 없앤다는 뜻이다."

최성일, 「금기에 맞서다」, 예스24 최성일의 기획리뷰,
https://ch.yes24.com

2) 판단한 내용과 근거 분명하게 드러내기

책의 내용에 대해서 찬성 또는 반박을 하거나 이를 바탕으로 책에 대한 가치 평가 등을 주요 내용으로 해야 한다. 그리고 글의 맥락에 따라서 책을 읽은 간단한 소감을 덧붙인다.

"美-가장 예쁜 유전자만 살아남는다"

냅시 에트코프 지음, 이기문 옮김, 살림, 2006.

낸시 에트코프의 「미」는 과학자다운 냉정한 시각으로 아름다움에 대해 깊이 탐구한 책이지만 적지 않은 독자들을 심란하게 만들 것 같다. 불치의 나르시시즘에 걸리지 않은 이상 사람들은 자신의 완벽하지 못한 외모에 자신이 없기 마련인데, 이 책은 일단 잘 생겨야 성공한다는 증거를 광범위하게 제시해 주기 때문이다.

미남 미녀에 대한 우리의 호감은 동물적 인간이 가장 좋은 유전자를 선택하기 위한 우리 뇌의 필연적 선택이라는 결론인데, 그렇다면 짝짓기 방면에서 우리가 짐승과 달리 숭고한 인간으로 살 수 있는 조건은 무어냐에 대한 천착은 없는 것 같아 아쉽다. 아이를 대상으로 미녀와 추녀 중 어떤 쪽을 택하겠느냐고 하는 실험을 했다지만 과연 이 때 실험자와 피실험자 모두 아무런 편견이 없었을까 의심이 간다. 스스로 추녀군에 속한다는 사실을 알고 실험에 임한 여성들이 유쾌했을 리가 없고, 미인으로 선발된 여성들은 당연히 즐겁게 아이들을 대하지 않았을까.

체격이 좋은 남자가 성공한다는 미국의 현실을 우리나라에 적용할지도 의문이다. 우리네 남자들 세계에서는 잘 생기고 덩치가 좋으면 오히려 주위에서 은근하게 견제를 당하고, 반면 작은 키를 딛고 악착같이 노력하는 독종들이 최후의 승자가 되는 경우가 더 많지 않은가. 여성도 그렇다. 미인 박복이란 말대로 미인들은 따돌림을 당하거나 남자들에게 이용당하기 쉽고, 외모만을 믿기 때문에 자신의 재능을 개발하기 위한 노력 따위를 아예 하지 않아 오히려 인생이 구겨지는 경우를 더 많이 본다.

저자 낸시 에트코프는 미인의 외모는 평균에 가깝지만, 군중 속에서도 쉽게 눈에 띌 정도의 강렬한 개성을 갖고 있다고 했는데 이런 주장에는 필자도 동감한다. 동양에서는 서양의 얼굴이, 또 서양에서는 동양적인 느낌을 주는 여성들이 미인으로 간주된다는 그의 주장은 '아름다움이란 일상에서 해방시켜 주는 이국적인 분위기를 갖는다'는 상식과 부합된다. 개인적으로는, 생물학적인 필요 때문에 일정 유형의 미남 미녀를 더 좋아한다는 에트코프의 자연과학적 입장과는 달리 '미'란 우리 혼의 상상력과 영감을 자극하는 방아쇠 같은 신비한 존재라고 믿고 산다.

에트코프가 정리한 대로 인류에게 자의식이 생긴 이래 아름다움을 추구하고 흠모의 마음을 품을 수 있다는 것은 부정할 수 없는 사실이다. 그러나 최근처럼 물불을 가리지 않고 외적 미에 지나치게 집착했던 시기는 별로 없다. 왜인가. 물신에 사로잡힌 우리 시대의 영혼이 그만큼 추악하고 황폐하기 때문에 겉모습이라도 아름답게 꾸며 진실을 은폐하려는 처절한 몸짓은 혹시 아닐까. 물질문명의 극점에서, 아름다운 정신을 상실한 채 추하게 변하고 있는 서구 사회에 갇혀 살면서, 실험심리학이라는 기계적

세계관에서 빠져나가지 못한 에트코프는 왜 지금, 「미」에 대한 이처럼 참혹한 우상숭배가 횡행하는지 그 핵심을 파악할 능력은 없는 것 같다.

이나미, '가장 예쁜 유전자만 살아남는다?' 중 일부,
조선일보, 2000년 6월 23일자

3) 인용과 해설 등의 방법 활용하기

책의 내용을 직접 인용하거나 책의 개괄적인 내용에 대해 해설하면서 서술하는 방식이다. 인용한 내용은 작가가 드러내고자 하는 핵심적인 내용과 관련된 것이어야 한다. 그리고 책에 대한 글쓴이의 평가적 관점이 잘 드러날 수 있는 내용이면 좋다.

이주하는 인류 : 인구의 대이동과 그들이 써내려간 역동의 세계사

샘 밀러 지음·최정숙 옮김, 미래의창, 2023.

미국과 멕시코 국경을 관통하는 리오그란데강에는 현재 수중 철조망 설치가 한창이다. 미국 공화당 소속 그레그 애벗 텍사스 주지사가 불법 월경을 막겠다며 강행하고 나선 것. 철조망 일부 구간에는 면도날 같은 가시가 달려 부상의 위험이 큰 것으로 알

려졌다. CNN에 따르면 텍사스주는 경비대원들에게 "불법 이민자를 강물에 다시 밀어 넣거나 이들에게 마실 물을 주지 말라"는 비인간적 명령도 내렸다고 한다. 미 법무부는 "연방정부 승인 없는 장벽 설치는 불법"이라며 텍사스주에 소송을 제기했지만, 애벗 주지사는 "대통령이 국가를 방어해야 할 의무를 위반했기에 자신이 대신 장벽을 설치했다"고 주장했다. 양측의 공방이 거세지면서 이 사안은 내년 미 대선의 정치 쟁점으로 떠오를 것으로 전망된다.

살기 위해 목숨을 걸고 국경을 넘으려는 사람들과 그것을 막는 사람들. 그리고 인간의 이동을 둘러싼 온갖 사회적 갈등. 영국에서 태어나 인도, 탄자니아, 아프가니스탄, 캄보디아 등 전 세계를 옮겨 다니며 살아온 저자가 이주, 이동, 이민 등과 관련한 질문을 던졌다. 누군가는 왜 떠나고 싶어 하고, 누군가는 왜 그들을 막으려고 하는지, 왜 사람들의 이동이 제한받아야 하는지에 대해.

저자는 인류사에서 이주의 역할이 매우 과소평가되고 오해받아 왔다고 지적한다. 대부분의 사람이 고정된 집 주소와 국적을 갖고, 토지와 집을 소유하는 정주(定住)를 당연하게 여기지만 긴 인류의 역사를 보면 오히려 그 반대라는 것이다. 이를 위해 네안데르탈인의 이동에서부터 아메리카 인디언, 바이킹, 메이플라워호 그리고 멕시코인들의 미국 이주까지 광범위한 인류의 이주 역사를 씨줄과 날줄처럼 엮어 풀어냈다. 그렇다고 저자가 이주와 관련해 어떤 특정한 방향으로 결론을 내리는 것은 아니다.

"땅에 울타리를 치고 소유권을 주장하는 사람들이 등장했을 때 …(중략)… '땅은 그 누구의 것도 아니라는 것을 잊으면 안 됩니다'라고 외쳤다면 인류가 온갖 범죄와 전쟁, 살인 같은 불행과 참상을 겪지 않았을지도 모르겠다."

저자는 집, 국가, 국경을 당연하게 여기는 요즘 시대에 자칫 이를 부정하는 것으로 보일 수도 있는 장 자크 루소의 말까지 인용한다. 그리고 많은 사람이 인간의 이동, 이주를 피부색과 국가에 따라 차별적으로 대해 왔다는 사실도 지적한다. 하지만 그 진의는 소유권 부정이나 무조건적으로 이주가 당연하다는 게 아니라 이주 문제를 인류의 오랜 역사와 문화 속에서 보길 바라는 데 있다. 국경과 민족국가가 있는 오늘날의 정주주의 세계에 사는 우리는 그 역사를 너무나 자주 잊고 있다는 것이다. 그리고 우리가 이를 인정한다면 이 새로운 렌즈를 통해 이주민 문제에 대한 현대적 논의를 재설정할 수 있을 것이라고 말한다.

이진구, 「살기 위해 낯선 땅으로… 인류는 오래전부터 유목민」, 동아일보, 2023년 7월 29일자

Chapter **12**

서평 쓰기

<우동 한 그릇> 전문

구리 료헤이, 1989.

해마다 섣달 그믐날이 되면 우동집으로서는 일 년 중 가장 바쁠 때이다.

북해정(北海亭)도 이날만은 아침부터 눈코 뜰 새 없이 바빴다.

보통 때는 밤 12시쯤이 되어도 거리가 번잡한데 이날만큼은 밤이 깊어질수록 집으로 돌아가는 사람들의 발걸음도 빨라지고 10시가 넘자 북해정의 손님도 뜸해졌다.

원래 사람은 좋지만 겉으로는 무뚝뚝한 주인이다. 그러다 보니 그의 아내는 단골손님으로부터 주인보다 더 인기가 좋다. 그의 아내는 분주했던 하루의 답례로 임시 종업원에게 특별 상여금 주머니와 선물로 국수를 들려서 막 돌려보낸 참이었다.

마지막 손님이 가게를 막 나갔을 때, 슬슬 문 앞의 옥호(屋號) 막을 거둘까 하고 있던 참에, 출입문이 '드르륵' 하고 힘없이 열리더니 두 명의 아이를 데리고 한 여자가 들어왔다.

여섯 살과 열 살 정도의 사내아이들은 새로 사 입은 듯한 트레이닝 차림이고, 여자는 계절이 지난 체크무늬 반코트를 입고 있었다.

"어서오세요!"

상냥하게 맞이하는 여주인에게 그 여자는 머뭇머뭇 말을 건넸다.

"저…… 우동…… 일인분만 주문해도 괜찮을까요?"

뒤에서는 두 아이들이 걱정스러운 얼굴로 쳐다보고 있었다.

"네…… 네. 자, 이쪽으로."

난로 곁의 2번 테이블로 안내하면서 여주인은 주방 쪽을 향해,

"우동, 일인분!"

하고 소리친다.

주문을 받은 주인은 잠깐 일행 세 사람에게 눈길을 보내면서,

"예!"

하고 삶지 않은 일인분의 우동 한 덩어리와 거기에 반 덩어리를 더 넣어 삶는다.

둥근 우동 한 덩어리가 일인분의 양이다. 손님과 아내에게 눈치 채이지 않게 하려는 주인의 배려로 수북한 분량의 우동이 삶아진다.

이윽고 김이 모락모락 나는 먹음직스러운 우동 그릇이 테이블에 나왔다.

우동 한 그릇을 가운데 두고, 이마를 맞대고 먹고 있는 세 사람의 이야기 소리가 카운터 있는 곳까지 희미하게 들린다.

"맛있네요."

라는 형의 목소리.

"엄마도 잡수세요."

하며 한 가닥의 국수를 집어 어머니의 입 안에 넣어 주는 동생.

이윽고 다 먹자 150엔의 값을 지불하며,

"맛있게 먹었습니다."

라고 머리를 숙이고 나가는 세 모자에게,

"고맙습니다. 새해엔 복 많이 받으세요!"

라고 주인 내외는 목청을 돋워 인사했다.

신년을 맞이했던 북해정은 변함없이 바쁜 나날 속에서 한 해

를 보내고, 다시 12월 31일을 맞이했다.

지난해 이상으로 몹시 바쁜 하루를 끝내고, 10시를 막 넘긴 참이어서 가게를 닫으려고 할 때 '드르륵' 하고 문이 열리더니 두 명의 남자아이를 데리고 한 여자가 들어왔다.

여주인은 그 여자가 입고 있는 체크무늬의 반코트를 보고, 일 년 전 섣달 그믐날의 마지막 그 손님들임을 알아보았다.

"저…… 우동…… 일인분입니다만…… 괜찮을까요?"

"물론입니다. 어서 이쪽으로 오세요."

여주인은 작년과 같은 2번 테이블로 안내하면서,

"우동 일인분!"

하고 커다랗게 소리친다.

"네엣! 우동 일인분."

라고 주인은 대답하면서 막 꺼버린 화덕에 불을 붙인다.

"저 여보……서비스로 3인분 내줍시다."

조용히 귀엣말을 하는 여주인에게,

"안돼요. 그런 일을 하면 도리어 거북하게 여길 거요."

라고 말하면서 남편은 둥근 우동 하나 반을 삶는다.

"여보, 무뚝뚝한 얼굴을 하고 있어도 좋은 구석이 있구료."

미소를 머금는 아내는 아랑곳하지 않고, 변함없이 입을 다물고 삶아진 우동을 그릇에 담는 주인이다.

테이블 위의 한 그릇의 우동을 둘러싼 세 모자의 얘기 소리가 카운터 안과 바깥의 두 사람에게 들려온다.

"으…… 맛있어요……"

"올해도 북해정의 우동을 먹게 되네요?"

"내년에도 먹을 수 있으면 좋으련만……"

다 먹고 나서, 150엔을 지불하고 나가는 세 사람의 뒷모습에

주인 내외는,

"고맙습니다! 새해 복 많이 받으세요!"

그날 수십 번 되풀이했던 인사말로 전송한다.

그 다음해의 섣달 그믐날 밤은 여느 해보다 더욱 장사가 번성하는 중에 맞게 되었다.

북해정의 주인과 여주인은 누가 먼저 입을 열지는 않았지만 9시 반이 지날 무렵부터 안절부절 어쩔 줄을 모른다.

10시를 넘긴 참이어서 종업원을 귀가시킨 주인은, 벽에 붙어있는 메뉴표를 차례차례 뒤집었다. 금년 여름에 값을 올려 '우동 200엔'이라고 씌어져 있던 메뉴표가 150엔으로 둔갑하고 있었다.

2번 테이블 위에는 이미 30분 전부터 〈예약석〉이란 팻말이 놓여져 있었다.

10시 반이 되자, 손님들의 발길이 끊어지는 것을 기다리고 있었기나 한 것처럼, 모자 세 사람이 들어왔다.

형은 중학생 교복, 동생은 작년에 형이 입고 있던 점퍼를 헐렁하게 입고 있었다.

두 사람 다 몰라볼 정도로 성장해 있었는데, 그 아이들의 엄마는 여전히 색이 바랜 체크무늬 반코트 차림 그대로였다.

"어서 오세요!"

웃는 얼굴로 맞이하는 여주인에게, 엄마는 조심조심 말을 꺼낸다.

"저…… 우동…… 이인분인데도…… 괜찮겠죠?"

"넷…… 어서 어서. 자 이쪽으로."

2번 테이블로 안내하면서, 여주인은 거기 있던 〈예약석〉이란 팻말을 슬그머니 감추고 카운터를 향해서 소리친다.

"우동 이인분!"

그걸 받아,

"우동 이인분!"

크게 답한 주인은 둥근 우동 세 덩어리를 뜨거운 국물 속에 집어넣었다.

두 그릇의 우동을 함께 먹는 세 모자의 밝은 목소리가 들리고, 이야기도 활기가 있음이 느껴졌다.

카운터 안에서, 무심코 눈과 눈을 마주치며 미소 짓는 여주인과, 예의 무뚝뚝한 채로 '응응' 하며 고개를 끄떡이는 주인이다.

"시로도야, 그리고 쥰아…… 오늘은 너희 둘에게 엄마가 고맙다고 인사하고 싶구나."

"고맙다니요, 무슨 말씀이세요?"

"실은, 돌아가신 아빠가 일으켰던 사고로, 여덟 명이나 되는 사람이 부상을 입었잖니. 보험으로도 지불할 수 없었던 배상금을, 매달 5만 엔씩 계속 지급하고 있었단다."

"음…… 알고 있어요."

라고 형이 대답한다.

여주인과 주인은 몸도 꼼짝 않고 몰래 듣고 있다.

"지불 약속은 내년 3월까지로 되어 있었지만, 실은 오늘 전부 지불을 끝낼 수 있었단다."

"넷! 정말이에요? 엄마!"

"그래, 정말이지. 시로도는 신문배달을 열심히 해주었고, 쥰이는 장보기와 저녁준비를 매일 해준 덕분에, 엄마는 안심하고 일할 수 있었던 거란다. 그래서 정말 열심히 일을 한 덕택에 회사로부터 특별 수당을 받았단다. 그것으로 지불을 모두 끝마칠 수 있었던 거야."

"엄마! 형! 잘됐어요! 하지만, 앞으로도 저녁식사 준비는 내가 할 거예요."

"나도 신문배달, 계속 할래요."

형은 잠깐 머뭇거리다가 다시 말을 이었다.

"쥰이하고 나, 엄마한테 숨기고 있는 것이 있어요. 그것은요…… 11월 첫째 일요일, 학교로부터 쥰이의 수업참관을 하라는 편지가 왔었어요, 그때 쥰은 이미 선생님으로부터 편지를 받아놓고 있었거든요.

쥰이 쓴 작문이 북해도의 대표로 뽑혀, 전국 콩쿨에 출품하게 되어서 수업 참관일에 이 작문을 쥰이 낭독하게 되었데요.

선생님이 주신 편지를 엄마에게 보여 드리면…… 무리를 해서라도 회사를 쉬실 걸 알기 때문에 쥰이 그걸 감췄어요. 그걸 쥰의 친구들에게 듣고…… 내가 참관일에 갔었어요."

"그래…… 그랬었구나……그래서?"

"선생님께서, '너는 장래 어떤 사람이 되고 싶은가', 라는 제목으로 작문을 쓰게 하셨는데, 쥰은 〈우동 한 그릇〉이라는 제목으로 써서 냈대요. 지금부터 그 작문을 읽어 드릴게요.

〈우동 한 그릇〉이라는 제목만 듣고, 북해정에서의 일이라는 걸 알았기 때문에 사실은 쥰 녀석 무슨 부끄러운 얘기를 썼지! 하고 마음속으로 생각했었죠.

작문은…… 아빠가 교통사고로 돌아가셔서 많은 빚을 남겼다는 것, 엄마가 아침 일찍부터 밤늦게까지 일을 하시고 계시다는 것, 내가 조간 석간신문을 배달하고 있다는 것 등이 전부 씌어 있었어요.

그러고서 12월 31일 밤 셋이서 먹은 한 그릇의 우동이 그렇게 맛있었다는 것, 셋이서 한 그릇밖에 시키지 못했는데도 우동집 아저씨와 아줌마는, '고맙습니다! 새해엔 복 많이 받으세요!'라고 큰 소리로 말해 주신일.

그 목소리는 '지지 말아라! 힘내! 살아갈 수 있어!'라고 말하는 것 같은 기분이 들었다고요.

그래서 쥰은 어른이 되면, 손님에게 '힘내라!', '행복해라!'라는 속마음을 감추고, '고맙습니다!'라고 말할 수 있는 일본 제일의 우동집 주인이 되는 것이라고, 커다란 목소리로 읽었어요."

카운터 안쪽에서, 귀를 기울이고 있을 주인과 여주인의 모습이 보이지 않는다.

카운터 깊숙이에 웅크린 두 사람은, 한 장의 수건 끝을 서로 잡아당길 듯이 붙잡고, 참을 수 없이 흘러나오는 눈물을 닦고 있었다.

"작문 읽기를 끝마쳤을 때 선생님이, 쥰의 형이 어머니를 대신해서 와주었으니까, 여기에서 인사를 해달라고 해서……"

"그래서 시로도는 어떻게 했지?"

"갑자기 요청을 받았기 때문에, 처음에는 말이 안 나왔지만…… 여러분, 항상 쥰과 사이좋게 지내줘서 고맙습니다. 동생은 매일 여러분에게 폐를 끼치고 있다고 생각합니다.

방금 동생이 〈우동 한 그릇〉이라고 읽기 시작했을 때 나는 처음엔 부끄럽게 생각했습니다.

그러나 가슴을 펴고 커다란 목소리로 읽고 있는 동생을 보고 있는 사이에, 한 그릇의 우동을 부끄럽다고 생각하는 그 마음이 더 부끄러운 것이라고 깨달았습니다.

그때 한 그릇의 우동을 시켜주신 어머니의 용기를 잊어서는 안 된다고 생각합니다. 형제가 힘을 합쳐, 어머니를 보살펴 드리겠습니다. 앞으로도 쥰과 사이좋게 지내 주세요, 라고 말했어요."

차분하게 서로 손을 잡기도 하고, 웃다가 넘어질 듯이 어깨를 두드리기도 하고, 작년까지와는 아주 달라진 즐거운 그믐날 밤의 광경이었다.

우동을 다 먹고 300엔을 내며 "잘 먹었습니다."라고 깊이깊이 머리를 숙이며 나가는 세 사람을, 주인 내외는 일 년을 마무리하는 커다란 목소리로,

"고맙습니다! 새해엔 복 많이 받으세요!"

라고 전송했다.

다시 일 년이 지났다. 북해정에서는, 밤 9시가 지나서부터 〈예약석〉이란 팻말을 2번 테이블 위에 올려놓고 기다렸지만, 그 세모자는 나타나지 않았다.

다음 해에도, 또 다음 해에도, 2번 테이블을 비우고 기다렸지만 세 사람은 끝내 나타나지 않았다.

북해정은 장사가 번성하여, 가게 내부 수리를 하게 되자, 테이블이랑 의자도 새로 바꾸었으나 그 2번 테이블만은 그대로 남겨 두었다.

새 테이블이 나란히 있는 가운데에서, 단 하나 낡은 테이블이 중앙에 놓여 있는 것이다.

'어째서, 이것이 여기에?' 하고 의아스러워하는 손님에게, 주인과 여주인은 〈우동 한 그릇〉의 사연을 이야기해 주었다.

"어느 날인가 그 세 사람의 손님이 와줄지도 모릅니다. 그때 이 테이블로 맞이하고 싶습니다."

그 이야기는 '행복의 테이블'로 이 손님에게서 저 손님에게로

전해졌다. 일부러 멀리에서 찾아와 우동을 먹고 가는 여학생이 있는가 하면, 그 테이블이 빌 때까지 기다렸다가 주문을 하는 젊은 커플도 있어 상당한 인기를 불러일으켰다.

그러고 나서 또, 몇 년의 세월이 흐른 어느 해 섣달그믐의 일이다.

북해정에는, 같은 거리의 상점회 회원이며 가족처럼 사귀고 있는 이웃들이 각자의 가게를 닫고 모여들고 있었다.

북해정에서 섣달그믐의 풍습인 해 넘기기 우동을 먹은 후, 제야의 종소리를 들으면서 동료들과 그 가족이 모여 가까운 신사(神社)에 그해의 첫 참배를 가는 것이 5, 6년 전부터의 관례가 되어 있었다.

그날 밤도 9시 반이 지나 생선가게 부부가 생선회를 가득 담은 큰 접시를 양손에 들고 들어온 것이 신호라도 되는 것처럼, 평상시의 동료 30여명이 술이랑 안주를 손에 들고 차례차례 모여들어 가게 안의 분위기는 들떠 있었다.

2번 테이블의 유래를 그들도 알고 있다. 입으로 말은 안 해도 아마, 금년에도 빈 채로 신년을 맞이할 것이라고 생각했으나 '섣달 그믐달 10시 예약석'은 비워둔 채 비좁은 자리에 전원이 조금씩 몸을 좁혀 앉아 늦게 오는 동료를 맞이했다.

우동을 먹는 사람, 술을 마시는 사람, 서로 가져온 요리에 손을 뻗히는 사람, 카운터 안에 들어가 돕고 있는 사람, 멋대로 냉장고를 열고 뭔가를 꺼내고 있는 사람 등등으로 떠들썩했다. 10시 반이 되자 바겐세일 이야기, 해수욕장에서의 에피소드, 손자가 태어난 이야기 등 번잡함이 절정에 달했다.

그때 입구의 문이 '드르륵'하고 열렸다.

몇 사람인가의 시선이 입구로 향하며 동시에 그들은 입을 다

물었다.

오버코트를 손에 든 정장 슈트 차림의 두 청년이 들어왔다. 다시 얘기가 이어지고 시끄러워졌다.

여주인이 죄송하다는 듯한 얼굴로 '공교롭게 만 원이어서'라며 거절하려고 했을 때 화복(일본옷) 차림의 부인이 깊이 머리를 숙이며 들어와서 두 청년 사이에 섰다.

가게 안에 있는 모두가 침을 삼키며 귀를 기울인다.

화복을 입은 부인이 조용히 말했다.

"저…… 우동…… 삼인분입니다만…… 괜찮겠죠?"

그 말을 들은 여주인의 얼굴색이 변했다. 십 수 년의 세월을 순식간에 밀어젖히고, 그날의 젊은 엄마와 어린 두 아들의 모습이 눈앞의 세 사람과 겹쳐진다.

카운터 안에서 눈을 크게 뜨고 바라보고 있는 주인과, 방금 들어온 세 사람을 번갈아 가리키면서,

"저…… 저……여보!"

하고 당황해하고 있는 여주인에게 청년 중 하나가 말했다.

"우리는, 14년 전 섣달 그믐날 밤, 모자 셋이서 일인분의 우동을 주문했던 사람입니다. 그때의 한 그릇의 우동에 용기를 얻어 세 사람이 손을 맞잡고 열심히 살아갈 수가 있었습니다. 그 후, 우리는 외가가 있는 시가현으로 이사했습니다. 저는 금년, 의사 국가시험에 합격하여 교오또(京都)의 대학병원에서 소아과의 병아리 의사로 근무하고 있습니다만, 내년 4월부터 삿뽀로의 종합병원에서 근무하게 되었습니다.

그 병원에 인사도 하고 아버님 묘에도 들를 겸해서 왔습니다. 그리고 우동집 주인은 되지 않았습니다만 교오또의 은행에 다니는 동생과 상의해서, 지금까지 인생 가운데에서 최고의 사

치스러운 것을 계획했습니다. 그것은, 섣달 그믐날 어머님과 셋이서 삿뽀로의 북해정을 찾아와 3인분의 우동을 시키는 것이었습니다.”

고개를 끄떡이며 듣고 있던 여주인과 주인의 눈에서 왈칵 눈물이 넘쳐흘렀다.

입구에서 가까운 테이블에 진을 치고 있던 야채 가게 주인이, 우동을 입에 머금은 채 있다가 그대로 꿀꺽하고 삼키며 일어나,

“여봐요 여주인 아줌마! 뭐하고 있어요! 십 년간 이날을 위해 준비해 놓고 기다리고 기다린, 섣달 그믐날 10시 예약석이잖아요, 어서 안내해요. 안내를!”

야채 가게 주인의 말에 번뜩 정신을 차린 여주인은,

“잘 오셨어요. 자 어서요. 여보! 2번 테이블 우동 삼인분!”

무뚝뚝한 얼굴을 눈물로 적신 주인,

“네엣! 우동 3인분!”

하고 목이 메었다.

예기치 않은 환성과 박수가 터지는 가게 밖에서는 조금 전까지 흩날리던 눈발도 그치고, 갓 내린 눈에 반사되어 창문의 빛에 비친 〈북해정〉이라고 쓰인 옥호막이 한발 앞서 불어제치는 정월의 바람에 휘날리고 있었다.

◆ <우동 한 그릇> 서평 작성을 위한 몇 가지 팁

1. 소개 : 서평을 시작할 때, 책의 제목과 작가를 소개한다. 간단한 개요를 통해 독자에게 이 책이 어떤 내용을 담고 있는지 설명해줄 수 있다.
2. 플롯 요약 : 책의 주요 플롯을 간략하게 요약한다. 주인공들의 이야기와 그들이 우동을 통해 겪는 경험을 언급하면서 독자에게 이 책의 매력을 느낄 수 있도록 도와준다.
3. 캐릭터 : 주요 캐릭터들에 대해 언급하고 그들의 개성과 성장을 서술한다. 독자는 이야기의 주인공들과 공감하고 이해할 수 있도록 캐릭터들에 대한 설명을 포함시킬 수 있다.
4. 테마와 메시지 : '우동 한 그릇'에서 다루는 주요 테마와 메시지를 강조한다. 사랑, 우정, 소외감 등과 같은 주제들을 언급하면서 독자에게 이 책이 전달하고자 하는 메시지를 알려준다.
5. 글쓰기 스타일과 서술력 : 구리 료헤이의 서술 스타일과 미묘한 감정 묘사에 대해 언급한다. 독자들이 작가의 능력과 특징을 이해하고 서평을 읽을 가치가 있는지 판단할 수 있도록 도와준다.
6. 개인적인 의견 : 마지막으로, 독서 경험에 대한 개인적인 의견을 표현한다. 책을 어떻게 느꼈는지, 어떤 감정을 느꼈는지, 추천 사유 등을 서술하면 독자들이 서평을 더욱 신뢰할 수 있다.

◆ 자료조사

예) 작가, 어휘 뜻, 우동을 먹는 이유, 우동 가격 등

◆ <우동 한 그릇> 서평 예시

구리 료헤이의 〈우동 한 그릇〉은 일본 문학의 명작 중 하나로, 독특하고 매력적인 이야기를 담고 있다. 이 책은 일본의 전통적인 음식인 우동을 중심으로 펼쳐지는 이야기들을 통해 사람들의 삶과 인간관계를 깊이 있게 그려내고 있다.

구리 료헤이는 탁월한 서술력과 미묘한 감정 묘사로 독자들을 매료시키는데, '우동 한 그릇'도 그 예외가 아니다. 주인공들의 내면세계와 갈등, 사랑과 소외, 그리고 삶의 의미에 대한 고민들이 우동을 통해 서술되어 있어 독자들에게 감동을 전달한다.

이 책은 일본 사회의 현실과 문화적 배경을 자연스럽게 담아내며, 독자들에게 다양한 시선을 제시한다. 또한, 인간관계의 복잡성과 소외감, 그리고 우정과 사랑의 소중함을 생각하게 하는 메시지를 전달한다.

구리 료헤이의 '우동 한 그릇'은 일본 문학 애호가나 음식을 사랑하는 사람들에게 강력히 추천하는 작품이다. 이 책은 독특한 이야기와 깊은 인간성을 담고 있어 흥미로운 독서 경험을 선사할 것이다.

◆ <우동 한 그릇>으로 서평을 써 보세요.

Chapter **13**

비즈니스 레터 쓰기

이 장에서는 사회생활을 하면서 반드시 알아야 하는 비즈니스 레터의 중요성과 작성 요령을 살펴보겠다. 우리가 출근해서 가장 많이 보는 것 중 하나가 바로 이메일이다. 생각보다 많은 사람들이 이메일 작성을 잘하지 못해 곤란을 겪는 경험을 한다. 이 장에서는 공식적인 업무에서 가장 빈번하게 사용되는 이메일 작성법을 중심으로 알아보겠다.

비즈니스 레터는 기업과 개인, 기업과 기업 간 주고받는 문서의 형태로, 초청장, 안내장, 이메일 등이 있다. 학생일 때는 공모전, 과제 제출 등으로 메일을 사용한다. 직장에서 업무의 연장선으로 사용하는 이메일은 내용도 중요하지만 형식도 무척 중요하다. 이메일은 수신, 발신, 제목, 내용 등의 체계에 맞게 일정한 형식을 맞추어 명확하면서도 간결하게 의사를 전달할 수 있도록 작성해야 한다. 지금부터 구체적인 내용을 살펴보겠다.

1. 이메일 작성법

1) 아이디(ID)는 긍정적이면서 기억하기 쉽게 설정

아이디는 긍정적인 의미를 지니고 기억하기 쉬운 단어를 활용하여 만드는 것이 좋다. 가끔 이메일 주소를 불러줘 받아쓰게 할 때가 있다. 이때 아이디가 의미 전달이 어려운 글자의 조합이면 받아 적는 상대방은 불편함을 느끼고 메일을 보낼 때도 주소 입력에 불편함을 느낀다. 아이디가 부정적인 의미를 담은 경우 좋지 않은 인상을 줄 수 있다. 영어 자판에서 한글 이름을 입력하여 아이디를 만든 경우, 발신인이 이름이 아닌 별명으로 설정되어 있는 경우는 공적으로 사용하는 아이디로는 적합하지 않다. 그러므로 개인용 메일, 공적으로 사용하는 메일을 구분하여 사용하는 것이 좋다.

2) 메일 제목은 핵심을 담아 간결하게

제목은 핵심을 담아 3, 4어절로 간결하게 작성해야 한다. 수신인이 메일의 제목만 보고도 내용을 이해할 수 있도록 해야하기 때문이다. 말머리로 메일을 받는 상대방이 목적을 알기 쉽게 해야 한다. [자료 회신], [요청사항], [회신 요청], [공지], [중요], [긴급]과 같은 머리말을 작성하면 수신자의 업무 처리에 도움이 된다.

제목: [기관명] 디자인 제작 결과 보고

제목: [긴급] 제품 견적 요청

회신 기한이 있는 메일이라면 제목의 맨 끝에 괄호를 넣어 날짜를 넣는다.

제목 : [요청] 총무과 기업 활성화 논의를 위한 회의 일자 회신 요청(~9/31)

3) 받는 사람 설정

받는 사람 설정에는 받는 사람(수신자), 참조, 숨은 참조 세 가지 유형이 있다.

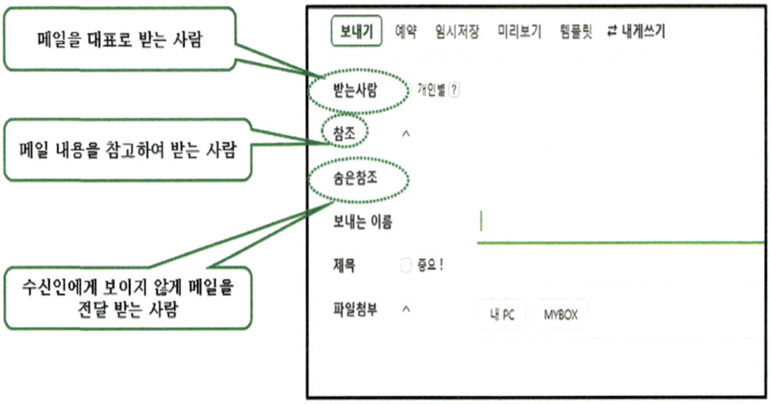

(1) 받는 사람(수신자) : 수신자는 이메일을 받는 사람으로 메일 내용과 직접적으로 관련된 담당자를 말한다. 수신자가 여러 명일 경우에는 팀별로 묶어서 보내고 가나다 순이 아니고 직급 순으로 지정해야 한다.

(2) 참조 : 이메일 내용에 답장을 해야 하지 않지만, 내용을 공유할 필요가 있는 관계자들은 참조에 포함된다. 업무를 파악하고 있어야 하는 상사나 관리자의 경우, 중요한 업무 이메일을 주고받을 때 포함하는 것이 좋다.

(3) 숨은 참조 : 숨은 참조는 참조와 비슷하지만 수신자에게 참조자를 숨기고 싶을 때 사용한다. 일반적으로 거래처 등 외부에 보내는 이메일에 상사를 참조하고 싶을 때 숨

은 참조 기능을 사용한다.

4) 본문 쓰기

본문은 크게 인사말, 자기소개, 목적, 본문, 맺음말, 첨부 파일로 구분이 된다.

(1) 인사말

모든 만남은 인사로 시작이 된다. 이메일도 마찬가지다. 인사말에는 상대방의 이름과 직위를 함께 언급하는 것이 좋다.

안녕하십니까? A회사 OOO 대표님

안녕하십니까? B부서 OOO 과장님

(2) 자기소개

인사를 했다면 이어서, 간단하게 소속과 이름을 밝힌다.

C반도체 OOO 대리입니다.

D전자 OOO 사원입니다.

상대에게 처음 보내는 이메일이라면 이렇게 간단히 자기소개를 한다. 직급과 이름을 언급한다면 상대방으로부터 관심을 끌 수 있다.

(3) 목적

모든 비즈니스 이메일은 메일을 쓰는 목적이 있다. 작성자는 아는 내용이므로 바로 본론부터 쓰면 된다고 생각한다. 하지만 수신자는 사전 지식이 부족하기 때문에 메일을 보낸 이유가 궁금할 수 있다. 그래서 다음과 같이 메일 목적을 먼저 써야 한다.

- 이메일을 보낸 이유는 광고 제작 견적을 문의를 드리기 위해서 입니다.
- 9월 전 직원 대상 연수를 기획하고 있습니다. 관련 연수를 요청 드리고자 합니다.

이렇게 메일의 목적을 미리 말해주면, 상대방은 주요 내용을 어느 정도 이해하고 읽을 수 있다.

(4) 본문

이메일의 본문은 중요 핵심 내용만 안내하는 것이 좋다. 본문에 전달하거나 요청할 내용을 정확하고 분명하게 제시해야 한다.

① 첨부 파일이 있더라도 핵심내용을 알 수 있도록 본문에 요약해서 제시하고 마지막에 첨부 파일이 있음을 알린다.

② 날짜와 시간을 적을 때는 '2023년 8월 4일 오후 2시'로 해야 한다. '내일', '다음 주' 등의 표현은 판단 오류가 일어날 수 있기 때문이다.

③ 강조할 부분은 굵은 글씨나 빨간/파란 색깔로 제시를 하면 가독성을 높일 수 있다.

가. 교육방법 : OO연수원(https://www.neti.go.kr) 개설과정 온라인 교육 실시
나. 교육과정 : 청탁금지법 이해하기(안내문 참고)
다. 교육내용(5차시)
- 청탁의 재구성(청탁금지법의 의의 및 그 적용범위)
- 딱 걸린 부정청탁(부정청탁금지)
- 명쾌한 청탁금지법(청렴 한국을 위한 청탁금지법)
- 알쏭달쏭 청탁금지법(수수 허용 금품의 정체)
- 여러분의 기관에서는?(기관별 청탁금지법 유의사항)
라. **교육대상 : 전 직원**
마. **교육기간 : 8월 4일(목) 18:00까지(※ 기한 엄수)**
※ 교육이수 후 반드시 이수증 제출

붙임 1. 원격연수 신청 안내_(부정청탁 방지)
2. 국민권익위원회 청탁금지법 매뉴얼

(5) 맺음말

맺음말에서 '수고하세요'를 사용하지 않는다. '수고하다'는 '일을 하느라 힘과 애를 쓴다.'라는 뜻으로 듣는 사람의 기분을 상하게 할 수 있어서 가급적이면 사용하지 않는 게 일반적인 예의다. '고맙습니다'와 감사 인사로 이메일을 맺는 게 상대로 하여금 반응이나 행동을 유도하는데 효과적이라고 한다. 그 이유는 상대방이 앞으로 할 행동에 미리 감사를 표하기 때문이다. 이렇게 미리 감사 인사를 받으면 요청 받은 행동을 수행할 동

기 유발에 도움이 된다고 한다. 또한, 수신자가 편하게 연락할 수 있도록 이메일 하단에 연락처가 적힌 서명을 넣는 것이 비즈니스 메일 매너 중 하나다. 메일 작성을 마쳤다면, 오타가 없는지, 첨부 파일이 제대로 첨부되었는지 확인한 뒤 이메일을 발송한다.

이름	박 주 하
회사명, 부서	㈜한국문화 문화부
이메일 주소	nbnb1@arko.or.kr
전화번호	02-100-2320
회사 주소	서울특별시 중구 퇴계로 10 메트로타워 19층

2. 비즈니스 레터 인사말

비즈니스 레터 인사의 예	
3월	기온이 높아져 봄이 성큼 온 것 같습니다.
4월	햇살이 따뜻한 봄날입니다.
5월	초록이 점점 짙어가는 5월입니다.
6월	아카시 향기 솔솔 풍겼던 5월도 가고 6월의 한 주 시작입니다.
7월	드디어 본격적인 여름이네요.
8월	어느덧 7월이 지나고 벌써 8월의 시작입니다.
9월	아침저녁 바람이 어느새 서늘해지는 9월입니다.

10월	오색으로 물든 산과 들이 펼쳐지는 완연한 가을입니다.
11월	한 해가 가기 전에 무언가 남겨야 하는 11월입니다.
12월	한 해를 마무리하는 12월이 시작되었습니다.
1월	희망을 꿈꾸는 새해가 밝아왔습니다.
2월	올해도 벌써 한 달이 훌쩍 지나가 버리고 어느새 2월이 시작되었네요.

마지막 인사의 예	
기본 인사	• 감사합니다./고맙습니다. • 앞으로도 잘 부탁드립니다. • 좋은 하루 보내십시오.
답신을 원할 때	• 수고스럽겠지만 답신해주시면 감사하겠습니다. • 그러면 답변 기다리겠습니다.
사과와 거절	• 기대에 부응하지 못해 죄송합니다. • 양해 부탁드리고 용서 바랍니다. • 진심으로 죄송합니다. • 거듭 죄송합니다.
확인과 검토를 요청할 때	• 확인 부탁드립니다. • 폐를 끼쳐 죄송하지만 검토 부탁드립니다. • 검토해주시기를 요청합니다.
답신이 필요 없을 때	• 확인하신 후 답신은 하지 않으셔도 됩니다. • 특별한 문제가 없다면 답변은 하지 않으셔도 됩니다.
바쁘게 연락할 때	• 급히 연락했습니다. • 급히 안내했습니다.

글쓰기 활동

▶ 나만의 버킷 리스트(소망목록)을 작성해보자.

▶ 소망목록 중 하나를 선택해서 제목을 정하고 개요를 작성 한 후 글쓰기를 해 보자.

[예시] ① 소망을 가지게 된 계기
② 소망을 이루기 위해서 어떤 노력
③ 소망을 이룬 후 계획

〈소망목록 개요〉

제목:

ANSWER

정 답

Chapter 03 Q 나의 맞춤법 실력은?

1	정답을 알아맞히다	11	공부하려고
2	빨리 갈게	12	껍질째 삶다
3	알맞은	13	도와주십시오
4	아름다워	14	멋쟁이
5	깨끗이	15	달걀 껍데기
6	웃어른	16	설레는 마음
7	넷째	17	우레 같은 박수
8	아니에요	18	일을 벌이다
9	그러고 나서	19	나의 바람은
10	출석률	20	덕을 베풂

Chapter 04 【예문 3 수정】 단락 나누기

나는 앞으로 일어날 일들은 지금 일어난 일에 의해 일어난다는 확신을 한다, 그래서 일상 속 찰나의 순간들을 놓치지 않으려 항상 마음가짐을 다잡고 있는 편이다. 한순간의 '선택'이 '인생'을 결정지을 수 있다는 것을 경험을 통해 배우고 있기에 매사에 신중함을 잃지 않으려 하고 있으며 나에게 다가오는 기회를 잡고 싶다는 욕심에 둘러싸여 지금도 성장통과 마주하는 중이다.

학창 시절 대부분의 남자들은 거들떠보지도 않았던 '간호학과'에 진학을 한 덕분에 나는 간호사가 되었고, 인연이 이어져 평생의 동반자로 간호사 아내를 맞게 되었다. 우연히 들었던 강연 덕분에 8권의 책을 집필하게 되었고, 이제는 내가 강단에 서서 여러 독자와 함께 소통할 수 있게 되었다.

글을 읽는다는 것은 저마다의 이유가 있겠지만, 공통적으로는 글을 통해 무엇인가를 바라보기 위함일 것이다. 글을 통해서라면 세상 어느 곳이든 교감할 수 있다. 심지어 이 세상에 존재하지 않는 어느 곳이든. 그렇기에 글을 쓰는 입장이든, 글을 읽는 입장이든 아름다운 것들을 추구하며, 나로 인해 긍정의 기운으로 받아들여지길 바랄 뿐이다.

요지경 속의 세상에서 미래를 예측할 순 없더라도 예상을 할 수 있으려면 지금 우리가 서 있는 곳에서 당신은 무엇을 바라보는지를 들여다볼 필요가 있다. 찰나의 선택이 당신을 바꿀 수 있다는 것을 인지한다면, 그 선택은 기필코 당신이 잘될 수밖에 없는 길로 인도할 것이다. 인지했다는 것은 곧 후회는 없을 것이기에 오늘에 충실하다면, 먼 미래에 걸어온 지금의 과정들이 아름다운 행복으로 가득 차 있겠지.

Chapter 08 요약하기

〈각 단락별 중심문장〉

〈1단락〉 거울에 비친 내 얼굴의 낙서가 거울이 아니라 내 얼굴에 있음을 알고 지우려는 행위는 고도의 사회적 지능을 갖춘 동물만이 보이는 것이다.

〈2단락〉 타인의 관점에서 자신을 파악하는 3인칭 관점은 사회적 동물에게 반드시 필요한 능력이다.

〈3단락〉 요즘같이 소셜미디어를 통해 사람들의 미화된 삶과 비교하여 자신의 삶을 시시하게 느끼는 것을 고려한다면 행복해지기 위해서는 3인칭 관점을 적절히 다스릴 필요가 있다.

〈4단락〉 한 연구에 따르면, 1주일 동안 페이스북을 일절 하지 않은 사람들이 계속 페이스북을 보았던 사람들보다 행복감이나 사회적 관계의 만족감이 높은 것으로 나타났다.

〈5단락〉 외로움으로 인한 자살이 연말보다 봄과 초여름에 더 많다는 연구를 보더라도 타인의 삶과 비교하게 되는 소셜미디어의 지나친 몰입은 역효과가 있다.

〈6단락〉 타인의 삶에 지나치게 몰입하는 경향을 다스리고 자신의 내면으로 시선을 거두고 일상의 의미에 주목하는 것이 행복을 위해 필요하다.

〈요약문〉

타인의 눈에 비친 자신의 모습을 그려보는 3인칭 관점은 사회적 동물인 인간이 생존하기 위해 요구되는 능력이지만, 행복해지기 위해서는 이를 적절히 다스릴 필요가 있다. 요즘 사회의 소셜미디어는 타인의 인정을 얻기 위해 그럴듯하게 꾸며진 세계라는 것을 알면서도, 이를 자주 접하게 되면 자신의 삶을 시시하게 느낄 수 있기 때문이다. 실제 페이스북을 지속적으로 참여한 사람보다 일정기간 끊은 사람의 행복감이나 사회적 관계의 만족감이 더 높다는 연구 결과를 볼 때, 소셜미디어의 지나친 몰입은 역효과가 있음을 알 수 있다. 따라서 행복해지기 위해서는 타인의 관점과 삶에 집중하기 보다는 내 일상의 의미에 주의를 기울일 필요가 있다.

참고문헌

고 은 외, 『어떻게 살 것인가』, 21세기 북스, 2016.

구리 료헤이, 최영혁 옮김, 「우동 한 그릇」, 청조사, 1989.

김민영 외, 『서평 글쓰기 특강 : 생각 정리의 기술』, 북바이북, 2015.

김상엽, 『자소서특급 전략서』, 지식과 감정, 2018.

나민애, 『책 읽고 글쓰기』, 서울문화사, 2020.

로버트 루트번스타인·미셸 루트번스타인, 박종성 옮김, 『생각의 탄생』, 에코의 서재, 2007.

박재훈, 『취업! 이렇게만 준비해라』, 한국학술정보(주), 2019.

서울대학교 글쓰기의 기초 편찬위원회 편, 『글쓰기의 기초』, 서울대학교출판문화원, 2015.

서울대학교 온라인 글쓰기교실, https://owl.snu.ac.kr

신현우, 『헨리샘의 NCS자소서 사례분석』, 박문각출판, 2020.

이명재·오창은, 『문학비평의 이해와 활용』, 경진, 2009.

이언 크로프턴, 정지현 옮김, 『한 장의 절대 지식』, 허니 와이즈, 2016.

이원석, 『서평 쓰는 법 : 독서의 완성』, 유유, 2016.

이영훈, 『유행가는 역사다』, 휴앤스토리, 2018.

이 청, 「대학 글쓰기 교재의 개요 작성 항목 연구」, 순천향 인문과학논총, 37(1), 2018.

정규희 외, 『동아일보 사설·칼럼으로 배우는 글쓰기 전략』, 동아일보사, 2018.

정동일, 『사람을 남겨라』, 북스톤, 2015.

정주아, 『서평 쓰기』, 서울대학교 교수학습센터 글쓰기교실, 2012.

정재승, 『과학콘서트』, 어크로스, 2020.

조세희, 『난장이가 쏘아올린 작은 공』, 이성과 힘, 2000.

최윤희, 「마인드맵과 토의 학습을 활용한 대학생 글쓰기 교육 방법 연구」, 인문논총, 38, 2015.
표현종, 『자기소개서 직무사례』, 진서원, 2014.
허원기, 『판소리의 신명풀이 미학』, 박이정, 2001.
황은성 외, 『연구윤리의 이해와 실천』, 교육과학기술부·한국연구재단, 2011.

동아일보 https://www.donga.com/
오마이뉴스 https://www.ohmynews.com/
제주일보 http://www.jejuilbo.net/
한겨레신문 https://www.hani.co.kr/

저자 약력

최 중 녀

- 문학박사
- 『현장밀착형 취약계층 가족교육 프로그램 개발』(공저, 2014)
- 『장으로 장하다』(공저, 2020)
- 『내가 읽은 책』(공저, 2021)
- 『사랑에 빠진 콩』(2023)

창의적 사고와 글쓰기

초 판 1쇄 발행 —— 2023년 8월 30일
초 판 2쇄 발행 —— 2024년 2월 20일
지은이 —— 최 중 녀
펴낸이 —— 전 두 표
펴낸곳 —— 도서출판 **두남**
서울시 강동구 성내로 6길 34-16 두남빌딩
신 고 : 제25100-1988-9호
TEL : 02) 478-2066, 2067
FAX : 02) 478-2068
E-mail : dnbooks@dunam.co.kr
http://www.dunam.co.kr

정가 16,000원

ISBN 978-89-6414-975-1 03370